华章经典·金融投资

敢于梦想

Tiger 21创始人写给创业者的40堂必修课

THINK BIGGER
And 39 Other Winning Strategies from Successful Entrepreneurs

[美] 迈克尔·W. 索南费尔特 著　张昊 译
Michael W. Sonnenfeldt

机械工业出版社
China Machine Press

图书在版编目（CIP）数据

敢于梦想：Tiger 21 创始人写给创业者的 40 堂必修课 /（美）迈克尔·W. 索南费尔特著；张昊译. -- 北京：机械工业出版社，2022.1

（华章经典·金融投资）

书名原文：Think Bigger: And 39 Other Winning Strategies from Successful Entrepreneurs

ISBN 978-7-111-69645-2

I. ①敢… II. ①迈… ②张… III. ①金融投资 IV. ① F830.59

中国版本图书馆 CIP 数据核字（2021）第 252116 号

本书版权登记号：图字　01-2021-6241

Michael W. Sonnenfeldt. Think Bigger: And 39 Other Winning Strategies from Successful Entrepreneurs.

Copyright © 2017 by Michael W. Sonnenfeldt.

Simplified Chinese Translation Copyright © 2021 by China Machine Press.

Simplified Chinese translation rights arranged with author c/o Levine Greenberg Rostan Literary Agency through Bardon-Chinese Media Agency. This edition is authorized for sale in the Chinese mainland (excluding Hong Kong SAR, Macao SAR and Taiwan).

No part of this book may be reproduced or transmitted in any form or by any means, electronic or mechanical, including photocopying, recording or any information storage and retrieval system, without permission, in writing, from the publisher.

All rights reserved.

本书中文简体字版由作者通过 Levine Greenberg Rostan Literary Agency、Bardon-Chinese Media Agency 授权机械工业出版社在中国大陆地区（不包括香港、澳门特别行政区及台湾地区）独家出版发行。未经出版者书面许可，不得以任何方式抄袭、复制或节录本书中的任何部分。

敢于梦想

Tiger 21 创始人写给创业者的 40 堂必修课

出版发行：	机械工业出版社（北京市西城区百万庄大街 22 号　邮政编码：100037）
责任编辑：	顾　煦　李　昭
责任校对：	殷　虹
印　　刷：	北京诚信伟业印刷有限公司
版　　次：	2022 年 1 月第 1 版第 1 次印刷
开　　本：	147mm×210mm　1/32
印　　张：	9
书　　号：	ISBN 978-7-111-69645-2
定　　价：	79.00 元

客服电话：（010）88361066　88379833　68326294　　投稿热线：（010）88379007
华章网站：www.hzbook.com　　　　　　　　　　　　读者信箱：hzjg@hzbook.com

版权所有·侵权必究
封底无防伪标均为盗版　　本书法律顾问：北京大成律师事务所　韩光 / 邹晓东

目 录

译者序
前言
致谢

第一阶段　自我评估

第1课　认识你自己 /3
第2课　用自控战胜冲动 /9
第3课　永远保持乐观，甚至是妄想 /14
第4课　如何面对歧视 /20
第5课　大多数时候毅力比智力更重要 /27
第6课　在世界一流公司工作的经验很有价值 /36
第7课　你的劣势可以成为优势 /43
第8课　你的另一半 /49

第二阶段　团队建设

第 9 课　找一位导师 /61

第 10 课　如何找到好导师 /67

第 11 课　好的合伙人让你受益无穷 /72

第 12 课　友善对待员工 /77

第 13 课　用人所长，同时接受他的缺点 /81

第 14 课　让自己被聪明人环绕 /85

第 15 课　多样化使你更聪明 /90

第三阶段　风险管理

第 16 课　旁观者眼中的风险 /97

第 17 课　像农场主一样对待风险 /102

第 18 课　定期进行投资组合答辩，并识别你的盲点 /106

第四阶段　以明智的方式发展业务

第 19 课　创业不仅仅关乎财富 /115

第 20 课　磨炼"三重专注"的能力 /122

第 21 课　好奇心激发创造力 /134

第 22 课　想得更大些 /139

第 23 课　谨慎接受来自朋友和家人的投资 /144

第 24 课　不要高估你的公司 /150

第 25 课　量入为出 /155

第 26 课　把失败视为成功之母 /159

第 27 课　不要把你的家人蒙在鼓里 /164

第 28 课　谨慎雇用你的孩子 /170

第 29 课　你需要时常度假 /179

第五阶段　保管好你的财富

第 30 课　创业技巧与投资技巧并不相同 /187

第 31 课　学点经济学知识 /193

第 32 课　如果你不是一个专业的投资者,那就做一个被动的投资者 /201

第 33 课　谨慎对待多样化 /207

第 34 课　节省开支 /212
第 35 课　财富传承 /216
第 36 课　考虑购买人寿保险 /223
第 37 课　我们生活在税后的世界里 /227

第六阶段　使之有意义

第 38 课　运用你的技能解决社会问题 /235
第 39 课　支持公益事业 /242
第 40 课　追求双重效益 /245

总结 /252
关于作者 /261

译者序

从纽约曼哈顿的南麓出发,往西跨越一道窄窄的海湾,就是花园之州——新泽西的滨海区了。岸边公园的一角有座纪念碑,伫立在那个原本能眺望到双子塔的地方。从外州进城的人们,要是不太匆忙,可以选择在附近免费停车,然后乘坐渡轮往返曼哈顿主岛,这将为你节省一笔城里的停车费,也能让你避开傍晚高峰时出城的拥堵。

今天的新泽西滨海区已经是一片遍布写字楼和购物中心的高档商务区。但在几十年前,这里还是一片被遗忘的码头。改变这一切的先驱者之一,就是本书的作者迈克尔·W. 索南费尔特。

迈克尔是美国战后繁荣时代的弄潮儿,他在 25 岁时领导了当时美国最大的商业改造工程,之后继续活跃在房地产、高科技以及其他市场上。其创立的 Tiger 21 组织汇集了全北美数以百计的顶级创业成功人士，他们来自不同的背景、行业，互相分享多姿多彩的人生故事。迈克尔选取了其中最精彩的故事，总结出40个关于创业与投资的主题。

书中的故事是真诚的：每一个故事都来自讲述者与12个同样睿智的小组成员坦诚的交流。这些现实生活中的成功者放下了所有的防备和顾虑，真诚地聆听着伙伴们的真知灼见。

书中的角度是全面的：它们涵盖了如何创业、如何处理家庭关系，甚至如何面对人生等广阔的话题，并忠实地记录了所有诚实且毫无保留的建议——自我评估、团队建设、风险管理、创造价值，以及创业成功后应该如何培养子女和处置遗产。

书中的讲述者来源广泛：他们既有出身贫民窟而后逆袭成功的初代创业者，也有将祖业再次发扬光大的企二代；既有形形色色的传统行业从业者，也有新兴高科技领域的领军者。细心的读者将会发现书中有许多耳熟能详的品牌，而现在你将有难得的机会读到其创始人的心声！

正如书中所说的：为了过上真实的生活，或者成为一个真正的领导者，你需要让你身边的人给你最诚实的反馈。因为每个人都有盲点，所以正直、忠诚、睿智的顾问是任何创业者都应该拥有的最好的工具之一。我希望本书能成为你的顾问之一。

本书的故事线从美国的战后繁荣期到21世纪的最近几年，这是一段激情澎湃的伟大历史。如果说世界上还有其他可以媲美的时期，那就只有当代中国40多年来伟大的创业史了。现在就让我们尝试着从迈克尔的故事中找到自己的影子，尤其对那些正经历着艰辛历程的中国创业者来说。

创业就像在制造一辆自行车的同时还得骑在上面，我希望大家骑得又稳又好。更重要的是：真诚地面对自己，造福于普罗大众，并收获幸福的人生。

也许有一天，会有人帮你们写下另一部精彩的中国创业者的故事合集。

前　言

在美国，每年有近50万人甘愿冒着人生中最大的风险去追逐梦想。为此，他们中有些人把房屋抵押了去贷款，有些人拿出了毕生积蓄，还有些人从亲朋好友那里借钱；有些人从大学辍学，有些人离家远行，还有些人舍弃高薪和宽敞的办公室，从行业顶级公司辞职。

他们的梦想是开创属于自己的事业，自己当老板。他们将为社区创造新的就业，制造新的产品，或者提供某种更高效的服务。当然，他们通常也心怀另一个梦想，那就是获得更多的财富。

然而，这些冒险家往往没有意识到他们即将面对的灰暗现实：根据美国小企业管理局（Small Business Administration）的统计，大约2/3的初创企业会在10年内倒闭。这个统计数字可能过于乐观了:《福布斯》(*Forbes*)杂志的报道指出,90%的初创企业会在10年内倒闭。[1]哈佛商学院的教授统计了超过2000家成功获得风投的初创企业10年的数据,结果显示,即使是这些较为优秀的企业,最后也有超过75%没能收回投资。

看到以上统计数字,你可能会感到惊奇:竟然有如此之多的人愿意去开启这样一段明知很容易失败的事业——冒着可能损失自己的积蓄以及朋友或投资人的借款,甚至有损自身职业声誉的巨大风险。

我们周围那些痴心妄想的人究竟是谁?他们有一个很酷的名字——创业者。然而这个词还不足以概括这群异常坚韧不拔的人的特点。

当听到创业者这个词的时候,你的脑海里可能会浮现出这样几位人物:还住在哈佛大学学生宿舍里的Facebook的创始人扎克伯格,还在洛斯阿尔托斯的车库里鼓捣产品的苹果的两位史蒂夫[一],又或者是《创智赢家》[二]里那些野心勃勃的创业者。

可是我想到的却不是这些。我想到的是像加里·门德尔(Gary Mendell)这样的人,他以做汉堡包起家,然后创办了一家酒店管理开发公司,最后以3亿美元的价格将公司卖给了喜达屋集团。或者是皮特·塞特尔(Pete Settle),一位律师兼工程师,创办了一家校

[一] 指苹果公司创始人史蒂夫·乔布斯和史蒂夫·沃兹尼亚克。
[二] Shark Tank,美国ABC电视台的真人秀节目。

车公司，该公司后来成为美国最大的学生交通服务公司之一。我还会想到威尔·阿德（Will Ade），他从得州石油公司离职之后，在新加坡创办了自己的"野猫井"㊀勘探咨询公司，并获得了曾经无法想象的巨大财富。

如果你偶然拿起了这本书，或许是因为你自视为未来的扎克伯格、乔布斯、门德尔、塞特尔或阿德，又或许是因为你想知道自己身上有没有成为一位职业冒险家所需要的特质。

也许你已经走得更远了一些——你已经成功创业了5年或10年，但是你觉得你金融界朋友的建议还不足以让你做出决定：现在是应该卖掉公司，还是应该寻求上市机会？当然，也许你和我一样，冒了巨大的风险，成功地建立了自己的事业，但在别人眼中就是个疯子。

24岁的时候，我在打了两份工之后，开始了这项冒险事业。17岁时，当我还是密歇根大学一年级学生的时候，我就辍学去从事关于房地产开发的工作了。有一年夏天，我在泽西市码头的一个仓库打工，在我每天吃午餐、休息的哈德逊码头对面，仅仅几千英尺㊁之遥的华尔街上正在兴建数据和业务中心。然而开发商后来却跳过哈德逊码头，向同西伯利亚一样遥远的郊区继续扩张，这是因为拥有隔开泽西市和曼哈顿码头区大部分土地的铁路公司在20世纪中叶破

㊀ "野猫井"（wildcat），美国石油钻井行业俚语，指没有钻探过的地区的早期石油探井。——译者注

㊁ 1英尺 = 0.3048米。

产重组了。开发商为了避免麻烦，有意绕过了这片土地，虽然这里离华尔街只有5分钟的路程。

当时我想把这里一块占地250万平方英尺[○]的仓库纳入曼哈顿下城高科技办公大楼的扩建计划。这个想法非常大胆，以至于大多数房地产老手都认为没有人能做到这一点，更不要说一个无名无姓、没有经验的20多岁的毛头小伙子了。

18个月后，经过几次挫折，这桩价值2500万美元的交易顺利完成，滨海港终点站（Harborside Terminal）迅速成为美国最大的商业翻新工程。更没人能预见的是，在接下来的30年里，这个地方变成了集办公、零售和高档住宅为一体的综合商住区。它被视作码头开发的样板工程，也是纽约大都市区历史上最成功的地产交易之一。

在我们买下滨海港四年半后，我和我的搭档将其变现了。我们获得了之前无法想象的成功和财富。

在接下来的几十年里，我又取得了几次成功，也遭遇过一些让人痛苦的失败。一路走来，我不断被迫触及自己的极限。相信我，我曾经遭遇过几乎破产的痛苦，并且领教过真正的风险。

在麻省理工学院斯隆商学院读本科和研究生期间（我从密歇根大学辍学后工作了18个月，之后又回到了大学），我学到了很多重要的东西，这段经历也让我在之后做生意时受益匪浅。麻省理工学院

○　1平方英尺 = 0.092平方米。

的学士和硕士学位不仅让我能够更快地在职业生涯中建立信誉，还给予了我更丰富的知识和更好的看问题的视角，这是在其他地方很难获得的。直到今天，我依然以身为麻省理工学院的校友而自豪。但是，一次又一次拯救我的不仅仅是学校教育，更是其他人通过数十年经验总结出的智慧，它们让我在第一次面对许多事情时有东西可以借鉴。

很显然，如果没有我的导师兼合伙人戴维·弗罗默（David Fromer），这一切都不可能发生。当时他的年纪是我的两倍，越南战争爆发时我还在读高中，而戴维已经参加过第二次世界大战（简称二战）并获得了三枚紫心勋章和一枚铜星勋章。战后，他花了30年的时间不断购买、建造和出售房地产，他的生意遍布美国洛杉矶、英国伦敦和沙特阿拉伯。如果没有戴维的智慧、经验和冒险精神，泽西市码头项目以及之后数十年所有的交易都不可能发生。

众所周知，经验是最好的老师。我40年的企业经营生涯也不断验证了这一点，最好的老师就是经验，而且是别人的经验。每一次帮助我成功经营各个企业以及非营利组织的，都是其他创业者来之不易的经验。

19年前，在卖掉第二家公司之后，我感觉自己仿佛迷失在大海中央，我迫切需要其他和我有过类似经历的人的建议。

所以我决定做点什么。

结果就是，我成立了"21世纪提高收益投资小组"（Tiger 21），这是一个为北美的高净值人士提供伙伴互助学习的组织。它开始于一个由六位纽约创业者组成的学习小组，他们每个人都卖掉了自己的公司并获得了一笔现金。当时我们都在为如何明智地管理这样一大笔钱而感到苦恼，也为其他相关问题感到焦虑，包括遗产、家庭、慈善等问题，以及下一步该如何走等更大的问题。

我发现原来我并不是唯一一个渴望得到建议的人，所有的创业者都希望得到同行的建议。与那些在对冲基金、银行或传统企业工作的精英不同，创业者们比较缺乏系统的知识，而这类知识一般只有成熟企业才能提供。

创业者需要指导，不仅公司刚起步的人需要建议来发展公司或者从危机中走出来，在公司成功后可以卖个好价钱的那些幸运儿更需要指导。好的建议可以把公司的税后售价或慈善基金的价值放大很多倍，也可以避免因为计划不善而错失良机或者承受本不该承受的损失。它可以帮助创业者避免过早出售公司，并帮助他们为即将发生的事情做好准备——这往往更具有挑战性。当然，市场上有很多人或者机构可以提供有偿的投资或管理建议，但是显然，想获得来自那些曾经出售过自己公司的创业者的无私指导是非常困难的。

今天，Tiger 21已经超越了我最大胆的预期，我们在美国和加拿大的35个城市拥有40个团队，我们的500多名成员的总净资产超过500亿美元（加上他们管理的金融资产和房地产，全部成员可以控制的资产价值超过1000亿美元）。现在我们正向全球拓展业务，我们的第一个伦敦小组已经于2017年春季成立。

虽然我们也有一些现在或者曾经在华尔街和房地产公司任职的合伙人——他们可以提供很多来自前沿的重要观点，但我们的大多数成员都来自传统行业，其中一些人的故事你将在本书中陆续读到。他们的生意从投币式洗衣机、医疗保险、发薪日贷款到税收留置权和法律服务等。他们中的大多数来自工薪阶层和中产阶级家庭，许多人还继续和高中时的伙伴来往。他们中的大多数都不是很适应开口讨论如何应对挑战和机遇，当他们试图这样做的时候，往往更倾向于谈论自己的成功，而不是曾经遭遇的麻烦。

每个月我们都会放下自己的生意、投资或慈善事业，暂时远离爱好和家庭，花一整天的时间彼此坦诚地讨论与生意、家庭和人生相关的话题。许多成员把Tiger 21视作自己的"个人董事会"——生活中各种重要方面的诚实且毫无保留的建议来源，而我把它看作一个帮助人们实现成功的实验室。

我写这本书的初衷源于我问自己的一个问题：在20年来与北美最成功、最有创意的创业者们的相处中，我究竟学到了什么？

事实一再证明，除了学到一开始所期待的商业技巧、投资建议以及得到帮助之外，我更加深刻地了解到我和其他创业者的经验教训对其他人——那些试图或正在创办一家公司的人，以及那些试图或已经卖掉了一家公司的人是何等宝贵。

要想加入这个超级大脑俱乐部，如今的要求是：拥有至少 1000 万美元的可投资资产，以及缴付 3 万美元的年费。而在本书中，我将带领你深入地理解这个组织，并且完全免费！

今天，分享智慧比以往任何时候都更重要。这是因为我们正处在历史上一个非常不稳定的经济和政治环境中：阶层贫富差距比历史上任何时期都更大，美国一度欣欣向荣的中产阶层正在消失，而这在很大程度上要归因于全球化和新技术的发展。

2016 年总统大选期间，人们对美国国内工作流失的担忧达到了极致，以至于两党的候选人都竞相承诺将致力于创造就业机会，即使这意味着要通过贸易保护政策——实际上这可能会伤害他们想要帮助的人。然而这样的承诺只不过制造了虚假的希望。

真相是：转移到中国、墨西哥或者其他发展中国家的工作机会实际上只占工作流失总量的 15%，其余的 85% 被自动化吞噬了。因为没有人会让工厂里越来越重要的机器人退役，没有人会放弃发展无人驾驶技术，也没有人会拔掉运转的计算机的插头。

我们想在这个国家创造就业机会，不能仅仅依靠设置高额进口关税，或者在边境线上设置关卡。我们只能把目光投向创业者。

从历史上看，私营企业创造了最多的工作岗位。这为我们的经济打下了坚实的基础，并极大地提高了平均生活水平。同样地，过去 70 年的记录表明，更多的工作机会不是被大企业创造的，它们是被创业企业创造的，创业企业才是美国经济发展最重要的引擎。

未来也会继续如此，中小企业将持续不断地提供新的工作机会，直到它们成长为企业界的巨人。

创业者需要来自华盛顿和各州的政治家们的支持，但是当前很多创业者还挣扎于现存的很多障碍和挑战。其中的问题在于，太多的政治领袖（即使是其中所谓最亲商的那些领袖）对创业者有误解。他们不明白创业者到底是一群什么样的人，以及他们为什么从事自己的事业。我希望本书的故事能够给立法者们一个更好的视角去理解创业者，以及思考美国需要为此做些什么。

创业者当然不是圣人，也不是公仆，尽管他们创建的企业对美国的繁荣贡献巨大。

如果说写这本书让我学到了什么的话，那就是成功的创业者在商业世界里是一个特殊的物种。他们和企业管理者或者专业投资者非常不同（尽管许多最优秀的创业者同时也是非常优秀的管理者和投资专家）。优秀创业者的心理和性格特质与其他领域的成功者类似——自律、坚韧和乐于承受风险。但我敢打赌，如果你随机抽取创业者样本，你肯定会发现这些特质在他们身上更为明显，这是因为他们往往极度乐观，心理学家称之为"妄想"。而当你看到其中一些雄心壮志的创业者甚至来自贫穷和中下阶层，或者来自破碎的家庭时，你就会更加关注他们身上的那些心理和性格特质。

如果缺乏这些特质，即使经过多年专注的学习和规划，你也不会成为创业者。而如果你拥有这些特质（我猜你应该有，因为你选择了本书），你就应该不断培养和发展这些特质。

对于许多不能在学校接受正规教育的人来说，不要灰心。我认识的许多最成功的创业者读书并不好，但他们总能通过自己的办法成为高情商的领导者，并永远保持好奇心。我也发现在创业者中，某些学习障碍的发生率很高，比如阅读障碍和多动症。似乎一个人能克服越多的困难，就越能成为优秀的创业者。

Tiger 21 的一位成员戴维·拉塞尔（David Russell）说过一句话，可以很好地总结我学到的最重要的一课："当我年轻时，常听到电视上说聪明人挣钱应该这样做，聪明人挣钱应该那样做。而最终当我变成有钱人时，才发现'挣到钱的聪明人'和其他人一样笨。"我完全同意这句话，我们可能在一两个领域很聪明，但在很多其他领域一无所知。我总是谦卑地承认自己有很多盲点，然后依赖其他创业者的指点来获得光明。在成为创业者的旅程中，无论你现在处于何种阶段，我都真诚地希望本书能够帮到你。

注释

1. Neil Patel, "90% of Startups Fail: Here's What You Need to Know About the 10%," Forbes.com, January 16, 2015.

致　谢

撰写本书对我来说是一个超乎想象的挑战。虽然在过去的20年里，我通过与Tiger 21的伙伴们不断分享亲身经历，了解到了许多成功创业者的独特性，但把这些见解转变为一本让其他人也感兴趣的书，却是一个真正的挑战。

我想我需要和一位作家合作，他不仅应该比我有更充裕的时间投入这个项目，而且应该具备一些我所没有的技能。于是我的经纪人吉姆·莱文（Jim Levine）介绍我认识了埃德·蒂夫南（Ed Tivnan），他是一位经验丰富的记者和作家。埃德有丰富的写作经验和采访技巧，而这些都是我缺乏的。最初我们试图发掘我旧有的一些观点，看看能总结出什么。但随着我们初步收拢了一些想法和主题，很明显的是，我们发现需要对Tiger 21的成员进行更多的采访，看看他们的经验能如何引导我们进一步深入创作。然后我们花了整整一年的时间来进行采访和总结。埃德在整理了其中的大部分内容后，最终意识到我们需要用教科书的方式来归纳所有的发现。当然，这一点在现在看来似乎很明显，但在一开始我们完全没想到。

除了我自己的故事贯穿整本书之外，我还通过 Tiger 21 在各地的 35 个小组主席联系到了许多受访者，然后埃德承担了后续大部分繁重的工作。是的，这是我的故事，但如果没有埃德的出色表现，这个项目就不会有任何进展。

当我认为我们终于完稿时，我有幸通过我的亲密朋友和写作导师塞思·西格尔（Seth Siegel，他帮助我做了关于本书的每一项重要决定）结识了巴里·韦斯（Bari Weiss），一位年轻的《华尔街日报》超级明星书评编辑。我很好奇她将怎样评估本书的受欢迎程度。她看完后立即评论说，我们没有囊括足够多的女性先驱者的故事，以及她们可能会分享的独特经验。是的！我在最初急于搜寻尽可能多的故事时，没有考虑到受访者的多样化。幸运的是，巴里和我最终从 Tiger 21 的女性成员那里获取了一些重要的故事。我非常感谢巴里的额外见解和她所做的采访，这些采访为本书增加了更多女性的声音。

除了巴里做的许多编辑修订之外，我还收到了阿瑟·戈德瓦格（Arthur Goldwag）在关键时刻为本书提供的重要编辑建议，以及 John Wiley & Sons 的克里斯蒂娜·维里根（Christina Verigan）

提出的建议。最终，John Wiley & Sons的制作团队成员用他们娴熟的编辑技巧完成了本书的收尾工作。

在整个项目中，与我共事30年的凯瑟琳·邓利维（Kathleen Dunleavy）帮助我观察到了许多我原本会错过的细节。像往常一样，她的帮助是无价的，没有她，我不可能了解无数的细节。她一直是我职业生涯中最专业的同事，没有她的帮助，我在大部分时间里会迷失方向。

我最深的感激要给予Tiger 21的成员们，他们非常友好地与我分享了自己的故事、非凡的职业生涯和独到的见解。本书并没有收录所有的故事，更不用提那些我还没有发现的有重要意义的故事，以及那些我还没有来得及采访收集的故事。在过去的20年里，向成员们学习是我生活中的主要乐趣之一。我对我的伙伴们的故事无限着迷，也永远感激他们的分享让我和其他成员得以学习和成长。Tiger 21的许多小组主席不仅帮助我联络到了讲故事的人，他们中的一些人也分享了自己的故事。（谢谢你们：卡尔·西蒙斯、芭芭拉·罗伯茨、查理·加西亚和克里斯·瑞安，谢谢你们的故事和见解。）我还想表彰在过去十年甚至更长时间里与我共事的Tiger 21团队中的关键专业人士，如果没有你们的创造力、奉献精神和出色的执行力，我们不可能搭起让本书诞生的台子。

写书是一种全新的体验，在每一个阶段，我们都会重新调整预期。在此期间，我的经纪人吉姆·莱文一直是一位优秀的向导。

我们也非常幸运地引起了彭博图书（Bloomberg Books）的史蒂夫·艾萨克斯（Steve Isaacs）、John Wiley & Sons 的图拉·韦斯（Tula Weis）和谢克·丘（Sheck Cho）的兴趣。我很感激彭博和 John Wiley & Sons 的团队给我这个机会。

还有许多给予本书重要建议的人，在此不能一一致谢。在过去的三年里，我寻求并接受了无数人的建议，其中许多人给予了我很多批评指正，感谢你们所有人。

虽然 Tiger 21 最初由我创建和发展，但作为一个组织，它的发展远远超出了我的能力范畴。我最初的搭档理查德·拉文（Richard Lavin）在头五年里一直负责具体的运营工作。他对细节的关注和对信念的承诺使我们能够展开行动。他以其经营餐馆的深刻体验给我上了一课：顾客就是上帝。如果没有理查德最初的参与，我们根本不可能成长为今天的组织。之后，汤米·加拉格尔（Tommy Gallagher）加入了进来。在很短的时间内，汤米成立了一个总部设在纽约的小型组织，足迹遍布全国各地。在他的任期内，我们的成员数量和工作人员数量都有了显著增加。汤米在 Tiger 21 的历史上几乎一直是一个坚定的伙伴，也是我最好的朋友之一，我很高兴能与他分享这段旅程。2009 年，乔纳森·肯普纳（Jonathan Kempner）加入 Tiger 21 担任总裁，他带给我们从未有过的经验。他在掌舵的六年里一直表现得非常稳重，和他一起工作总是令人愉快。他曾经不顾我的反对坚持举办年会，最终这成为我们 20 年历史上最具变革性的活动之一。乔纳森深谙如何建立一个大型组织并最好地服务成员利益,他永远地改变了 Tiger 21。现在,芭芭拉·古德斯坦(Barbara Goodstein)担任首席执行官,在她的领导下,我们的发展更加迅猛。我们刚刚在伦敦举办了活动,我迫不及待地想看看未来几年会发生什么。

我有幸和哈利·弗兰克(Harley Frank)交往了近35年。在此期间,在我参与的每一笔生意中,我们几乎都有合作,他总是能带来独特的视角和无与伦比的创造力,包括把我们会员经历中的智慧转变成一本书的想法。多年来他无情地逼着我写作,如果没有他最初的推动,本书绝不会诞生。我眼中的哈利总是非常风趣,善于创造性地营销和推广品牌,他的这种天赋超越了我见过的所有人。多年来我从哈利的想法中受益匪浅,我希望本书的诞生是其中最成功的例子之一。

最后,感谢我的妻子卡特娅和我们的四个孩子。他们牺牲了很多,更改时间表、取消旅行计划、错过或被打断的晚餐、我的个性使我接受的没完没了的让人分心的事,这些都影响了我与他们相处的时光,当然最重要的是与卡特娅相处的时光。如果没有他们的支持、鼓励、默许和接纳,我在本书中分享的所有活动和事件,以及本书,将永远不会成为现实。为此我永远心怀感激。

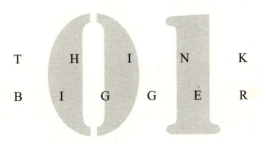

第一阶段

自我评估

拥有商业、金融或会计学位绝对能让你的简历加分，如果有MBA学位更是锦上添花。这一切肯定会帮助你得到一家优秀公司的工作机会。

但如果你想从无到有地创办一家公司，仅靠书本上的知识就远远不够了。事实上，过度思考或分析可能会使你无法快速做出决定，而速度是一家新公司起步时必需的。如果你讨厌你的工作，讨厌你的老板，或者你总是与团队格格不入，因为学习障碍而无法与同辈竞争，又或者你有个绝妙的创业点子，但你的朋友和家人却认为它非常不切实际，那么恭喜你，你可能适合成为一名创业者。

但在你采取行动之前，你还需要深入了解自己的性格和特质，以判断自己能否在险象环生的环境里生存下来并取得成功，是否属于那种与普通人完全不同的人。如果答案是否定的，你将没有其他选择，只能放弃创业这一念头。

THINK
BIGGER

第 1 课

认识你自己

经常有年轻人问我:"我该怎么办?"我们也都有过同样的经历,那时我们刚从大学或商学院毕业,正在找第一份工作或试图就未来的职业发展做出规划。如果你足够幸运的话,你可能会有多个选择。你会想:"我应该挑选这份工作还是那份工作?"或者你会想:"我应该接受这家大公司的高薪工作,还是应该把自己的创业点子付诸实践?我该怎么办?"

人们提出这些问题,是因为在某种尺度上一种选择可能比另一种更好。但这种看法本身就非常主观,因为答案完全取决于是谁在问这个问题。你的个性是什么样?你的驱动力有多强?你有多少勇气和决心?你渴望脱颖而出吗?你渴望成功吗?唯一可能的答案就是：认识你自己。

自古以来,"认识你自己"就是一条人尽皆知的格言。公元前四世纪,它被铭刻在德尔菲的阿波罗神庙的入口处,但人们往往忽视它的重要性。在与柏拉图的对话中,苏格拉底数次强调这句格言背后的智慧是通往高尚生活的阶梯。今天,这句格言依然重要。

随着年龄的增长和职业履历的累积,我不断意识到自我认知的重要性。20多岁的时候,我就意识到自己不适合为政府或大公司打工。我对机构本身没有偏见,我的出发点更多来自自身。

像所有其他崇拜自己父亲的人一样,我为我的父亲理查德·索南费尔特(Richard Sonnenfeldt)感到骄傲,他经历了非凡的一生。他出生在德国,16岁时和弟弟被父母送到了英国的一所寄宿学校——那是1938年,这是全家逃离纳粹德国的计划的一部分。一年后,二战爆发了,英国把所有来自德国的16岁以上的难民认定为"敌国公民",并把他们遣送到位于澳大利亚的集中营。但很快,我的父亲成功地说服了英国人,使自己被视作与纳粹德国为敌的犹太难民而被释放。

然而在回英国的途中,他所乘坐的船在印度海岸被鱼雷击沉了。我17岁的父亲幸存了下来,加入了孟买的一家无线电工厂并担任经理。六个月后,1941年5月,他来到美国——这是他三年内抵达的第四个大洲。在巴尔的摩,他终于与成功逃离纳粹德国的父母团聚。两年后,我父亲加入了军队(并因此自动获得了美国公民的身份），终于有机会与纳粹战斗。他参加了突出部战役[1]，还参与解放了达豪集中营。1945年年中，美国战略情报局[2]（OSS）的比尔·多诺万（Bill Donovan）将军任命他为纽伦堡军事法庭的翻译。他很快就脱颖而出，23岁时就成为美国检察院的首席翻译。我父亲和一名英国少校从一个牢房到另一个牢房，亲自向21名主要被告递交起诉书，并参与了纽伦堡最著名的一次审判，担任德意志第三帝国二号人物赫尔曼·戈林（Hermann Göring）的私人翻译。

尽管我父亲在战争时期成就显赫，但实际上他还没有从高中毕业。回到巴尔的摩，他直接被约翰斯·霍普金斯工程学院录取，并以创纪录的时间毕业，后来成为母校1949届的杰出校友。他毕业后进入美国无线电公司（RCA）成为一名年轻的工程师，获得了有关彩色电视机的专利。他发明的电路从1951年开始就被广泛应用于西方的雷达，甚至应用于美国航空航天局（NASA）的第一颗卫星。在职业生涯的后期，我父亲成了一所商学院的院长。

所以说我从我父亲那里获得的遗传天赋应该是无与伦比的。在直觉的指引下，他在我小时候就训练我，让我相信只要用心去做，就能实现几乎所有的目标。不幸的是，除了睿智的头脑和惊人的天赋，我父亲在情感上有一些固执和偏狭，这给我的童年带来了些许沉重。多年后，我才意识到这段父子关系对我成长为创业者有多大的作用，因为每当有人告诉我该怎么做时，我就会联想起父亲身上坏的那一面，以至于我会本能地抗拒任何命令。但是我应该感谢他

---

[1] 又称阿登战役。——译者注
[2] 中央情报局的前身。——译者注

不完美的性格，因为这激励了我成为创业者。否则我会成为一个听话的雇员，不可能取得今天的成功。

我的妹夫马文·伊斯拉埃罗（Marvin Israelow）20世纪70年代末在麻省理工学院工作过，现在是一位企业咨询专家。在我撰写本书的时候，他提醒我关注一下埃德加·沙因（Edgar Schein）关于职业锚（career anchors）的研究。沙因今年已经88岁了，曾经是麻省理工学院的传奇教授，也是组织心理学领域的奠基人之一。他提出了一种"与自省的才干、动机、价值观有关的模型"，这个模型可以用来规划一个人的职业生涯与职业期望，他称之为职业锚。[1]

最开始，沙因通过一项对商学院毕业生10～12年的研究，提出了5种职业锚：

1. 技术/职能型（technical/functional competence）；
2. 管理型（managerial competence）；
3. 稳定型（security/stability）；
4. 自主/独立型（autonomy/independence）；
5. 创业型（entrepreneurial creativity）；

后来他又增加了3种职业锚：

6. 服务型（service or dedication to a cause）；
7. 挑战型（pure challenge）；
8. 生活型（lifestyle）。

马文认为，影响我选择职业的两种价值观——自主和创新，也同样出现在本书中的许多成功创业者的身上。我的自主显然来自对父亲的固执的反抗；而创新，沙因解释为"一种去发明创造某种完全基于自己想法的产品的迫切需求"。

对于有抱负的创业者来说，真正应该问的问题不是你应该做什么工作，而是你适合哪一份工作。这与你自己有关——你的能力、你的弱项、你的强项，以及更重要的，你的悟性。如果你像我一样，不能忍受自己的想法被固执的老板或僵化的机构拒绝，如果你只能通过创办自己的公司来获得职业满足感，那么你可能就适合创业。但如果你需要一份固定的工资或者对风险的容忍度很低，那么你的职业锚很可能就属于稳定型。这样的话，我建议你忘掉创业这件事。

探索自己是否适合创业的结果可能会让一些人感到惊讶。进行自我反省并不容易，它既不是自我陶醉，也不是自暴自弃。无可否认，人们习惯自我欺骗，精神分析可以帮助我们揭开那张欺骗世界和自我的面具，但也有另外一种方法可以帮助我们进行自我反省。

沙因设计了一个"职业锚自我评估"来帮助人们进行职业选择，它列出了一系列问题，可以用来揭示什么样的工作会满足你的抱负。这个自我评估工具多年来在公司和人力资源专业人士中很受欢迎，有各种线下和线上的版本可供选择。

尽管自我反省的过程可能是痛苦的，但它会带给你一个巨大的好处：一旦你认识到自己的弱点，你就会更好地了解自己的长处。

你对成功的定义是什么？要回答这个问题，你必须先退后一步，在职业生涯的每一个阶段努力了解自己。这是一场没有终点的旅程，但我相信接下来的内容会帮助到你。

注释

1. Edgar Schein, *Career Anchors* (San Diego: University Associates, 1985).

THINK
BIGGER

第 2 课

用自控战胜冲动

根据最近几年的统计，美国人的平均储蓄率约为 5%，远远落后于欧洲的 10% 和日本的 40%。然而这已经是一个很大的进步了，2005 年美国人的储蓄率甚至只有 1.9%。当然，这里的统计不包括股票，所以，如果比尔·盖茨的大部分财富都配置在微软的股票上，那么他也会被认为是低储蓄者。不过，即使把股票考虑在内，美国人的平均储蓄率也相当低。在美国，24% 的人的信用卡欠款额大过储蓄额，另有 20% 的人甚至没有储蓄账户，超过 1/3 的美国成年人还没有开始为退休存钱。

为什么我们不能有更多的自控呢？过去 40 年里，越来越多的行为经济学家认为，大多数人的行为并不遵循经济学教科书中的理性行为模式。他们没有努力最大化个人或公司的目标，而是会做一些行为经济学家丹·艾瑞里（Dan Ariely）所说的"可预测的非理性的事"。[1] 正如你所看到的，创业者也有自己的缺点，但不会为了自己而过度消费。比如我在20多岁的时候，每周会为自己的第一份事业工作80多个小时。而与此同时，我的那些在大公司工作的同龄人却每晚忙于社交活动。

大多数的成功创业者要么天生就有自控力，要么后来学会如何自控并延迟满足。即使在他事业成功获得惊人财富之后，他们中的很多人仍然生活简朴并保持谦逊。自控让他们把利润重新投入生意中，并实现了长期增长。

斯坦福大学心理学家沃尔特·米歇尔（Walter Mischel）在1968年做的实验揭示了关于自控的秘密。米歇尔想知道，为什么在某些场景下（比如面对餐厅里的甜点台），理性的决定（为了延迟满足，坚决不碰那些甜点）总是会失去力量。为此，他在斯坦福大学的Bing幼儿园做了一个实验。他让每个孩子单独进入房间，并让他们选择：是立即得到1块棉花糖，还是等20分钟（对4岁的孩子来说，这相当漫长了）得到2块棉花糖。许多孩子连1分钟都坚持不了就放弃了等待，但有几个孩子想办法成功地分散了自己的注意力，等待了整整20分钟，最终获得了2块棉花糖。[2]

在接下来的40年里，米歇尔带领他的研究生跟踪研究了550名参加了上述"棉花糖实验"的孩子，收集了他们的职业、婚姻、健康、财务和精神状态等诸多信息。[3] "最终的发现让我们大吃一惊。"米歇尔写道。[4] 那些成功等待了 20 分钟的孩子不仅更有专注力，更自信，更有自制力（即使在叛逆的青春期也是如此），而且他们在 SAT 考试中的得分也比其他人更高，平均高出 210 分。[5] 为了排除 20 世纪六七十年代美国加利福尼亚州社会环境的影响，米歇尔带领研究人员又在其他地域和经济环境里重复了这个实验，并得到了类似的结果。[6]

有趣的是，参与者的表现似乎更多地与先天性格而不是智商高低有关，宾夕法尼亚大学积极心理学中心的安吉拉·达克沃思（Angela Duckworth）的研究也证实了这一点。作为一名前七年级教师，为了了解为什么许多表现很好的学生并不是智商很高的学生，达克沃思决定攻读心理学博士学位。她发现相比智商，学生的自控能力更能解释成绩的好坏。在课堂外，达克沃思的研究结果还表明，更强的自控能力能降低吸烟、吸大麻、酗酒的概率，并能帮助提高收入、储蓄率和生活满意度。[7]

关于自控力是来自遗传还是后天习得，最新的研究表明，尽管基因决定了我们的生物基础，但后天的培养也可以施加影响。人类在童年时代的可塑性很强，而心理学家认为，在成年后，人们也可以采取"我认为我可以"的心态做出很多调整。

米歇尔最近的研究表明，在面对短期诱惑时，我们可以通过培养考虑远期结果的能力，来削弱这些诱惑的吸引力，从而避免分散对长期目标的注意力。[8] 比如：如果暴饮暴食，我就会变肥变丑；如果抽烟，我就会得肺癌。

我想补充一句：如果我不专注于企业的发展，我就会破产。我建议心理学家们多去研究成功的创业者，因为这是我们身边最具自控力的人群。不过如果你问他们："你的自控力来自何处？"他们很可能会答非所问。他们会滔滔不绝地讲自己是如何开始一项业务并保持可持续发展的，是如何打败竞争对手的，是如何从危机中走出来并反败为胜的。

许多取得初步成功的创业者之所以后来失败，原因之一是他们希望立刻享受成功的果实，并让别人都看到。乔治·海泽尔（George Heisel）是一位经验丰富的创业者，他的公司为其他公司提供资金，他遇到过不少这样的问题。

>一对拥有20万～30万美元储蓄的夫妇开了一家餐馆。假设他们在第一年花了10万美元打广告，生意开始有起色并带来了15万美元的现金流。这时他们想向他人展示自己的生意有多成功，于是他们贷款买了一辆梅赛德斯或一套新房子。由于要付车贷或者房贷，很快他们就没有资金去打广告了，然后餐馆的生意也越来越差。最终，餐馆被附近有更多资金打广告的竞争对手击败而倒闭了。[9]

海泽尔在2001年开了自己的药店，专营糖尿病相关药品。幸运的是，他的自控力很强，抵御了诱惑。在最初的两年里，他没有给自己开工资，而是把所有的利润都花在了广告上。后来生意不断发展，他也只拿了一份微薄的薪水，并且连续七年没有做任何分红。他和做医生的妻子租房子住。这就是成功创业者的典型做法：使用储蓄来创业，坚持把盈利再次投入生意，同时尽可能保持现金流以备不时之需。

不过，要想成为一名创业者，延迟满足只是你需要具备的众多特质之一。我们将在接下来的几课中学到更多其他特质。

注释

1. Dan Ariely, *Predictably Irrational* (New York: HarperCollins, 2008).
2. Walter Mischel, *The Marshmallow Test: Mastering Self-Control* (New York: Little, Brown, 2014), 4–5.
3. Michael Shermer, "Book Review: 'The Marshmallow Test' by Walter Mischel," *Wall Street Journal* (September 19, 2014), https://www.wsj.com/articles/book-review-the-marshmallow-test-by-walter-mischel-1411160813.
4. Mischel, *The Marshmallow Test*, 23.
5. Ibid., 25.
6. Ibid.
7. Angela Lee Duckworth, "Grit: The Power of Passion and Perseverance," TED Talks Education (April 2013).
8. Mischel, *The Marshmallow Test*, 33–37.
9. George Heisel, interview (July 14, 2015).

THINK
BIGGER

第 3 课

永远保持乐观，甚至是妄想

1986 年，威尔·阿德正处在他职业生涯的巅峰时期。当时他是得克萨斯州一家石油公司的勘探经理，在那之前的三年里，他在文莱和哥伦比亚勘探了很多有潜力的油田，其中一些被太阳石油、英国石油和埃克森石油接收并产量颇丰。在此之前，他在印度尼西亚为菲利普斯石油工作了八年，证明了自己在石油和天然气勘探方面的能力。威尔在研究生时期就开始在加利福尼亚州等西部各州的石油公司兼职做野外地质学者，毕业后成了职业的油气勘探专家，参与了菲律宾和新加坡的很多大型项目。"我勘探的油井都成功产油了。"他回忆道。[1]

但大公司流程僵化、行动缓慢，为了让自己的勘探事业更快发展，威尔跳槽到了得克萨斯州的一家小公司。在享受了三年的成功之后，他领教了为一家资本不足的小公司工作的滋味。之后油价暴跌了67%，威尔被裁员了，没有遣散费，也找不到新工作，他发现自己在印度尼西亚陷入了困境。当时他和妻子还要养活三个还在穿尿布的孩子。"我们所拥有的只剩下返回美国的机票，价值大约3000美元。"

威尔还拥有另一个至关重要的东西：天生的乐观主义精神。在亚洲这些年来他学到了很多东西，其中一条是："在中文中，危机这个词不仅意味着危险，也意味着机会。"是的，他的工作虽然丢了，但他勘探油气的专业技能并没有丢，而且他正好厌倦了老是听从其他人的决定。因此，他卖掉了回程机票，在新加坡开启了自己的事业，从事"野猫井"的勘探咨询。

每一个后来成为创业者的人最初都是从一个创业梦想开始的。哪怕失败一次又一次，最优秀的创业者总是信心满满，一个梯子断了，就跳到另一个梯子上。而大多数工薪阶层却不认同这种乐观态度。这种不认同是对的，因为一个正常人不会把仅剩的价值3000美元的机票孤注一掷拿去冒险，除非他是一位极端的乐观主义者。

丹尼尔·卡尼曼（Daniel Kahneman）是世界著名的心理学家，他把这种令人不安的乐观情绪称作"神经性妄想"。[2] 在40年的学术生涯中，卡尼曼一直专注于研究人类是如何做出决定的，他与同事阿莫斯·特沃斯基（Amos Tversky）共同设计的一个巧妙的实验后来促成了行为经济学的诞生，卡尼曼也因此获得了2002年的诺贝尔经济学奖。(因为特沃斯基已于1996年去世,而诺贝尔奖不授予去世的科学家,所以未能获奖。)

过度自信这一特质在首席执行官、投资顾问、记者、学者、政府官员和其他会做预测的专业人士中普遍存在,以至于卡尼曼和特沃斯基发明了"计划谬误"一词,用以解释为何很多项目都会出现大规模的预算超支。[3] 每一个装修过房子的人都可能是计划谬误的受害者。根据2002年一项对美国改建厨房的屋主的调查,最后的平均改建费用超出预算一倍以上!

研究还发现,这种乐观偏好在创业者和发明家中出现的概率最高,并使他们沉溺于卡尼曼所说的"快速思考",这种快速思考会让创业者跟着直觉走,[4] 以至于面临非常大的风险。卡尼曼认为,如果我们都能努力放慢思考,减少对直觉和情感的依赖,而更多地依赖逻辑和深度思考,世界将变得更美好。

然而,对乐观主义在美国生活中所扮演的角色,卡曼尼最终表现得相当矛盾。他认同很多研究机构的说法:"如果你能为你的孩子许下一个愿望,那就认真考虑一下祝他/她永远乐观。"[5] 乐观主义者总是很高兴、很快乐并且更受欢迎。他们通常拥有更好的免疫力,因此更加健康。他们更容易从失败中振作起来。乐观主义者甚至会比其他人更长寿。另外,卡尼曼还认为乐观主义是"资本主义的引擎",他说:"当需要采取行动时,乐观的态度,甚至是轻微的妄想,是一件好事。"[6]

虽然卡尼曼承认乐观对个人生活和商业上的成功很重要,但他也认为那些特别成功的人通常也非常幸运——即使他们通常不愿意承认这一点。对此我表示赞同。在我创业早期，我倾向于把自己的成功归功于我的能力，但其实我并不是一个白手起家致富的人。我的父亲是一位天才工程师，也是美国全国广播公司（NBC）的执行副总裁。我从很好的大学毕业后就加入了一家顶尖公司，然后在我妻子家里的房地产公司工作了几年。在才20多岁的年纪，我获得的机会就比许多人在整个职业生涯中获得的都要多得多。

但那是35年前的事了，现在我还在继续创业。我承认运气很重要，我也很清楚人群中谁只会玩杂耍唬人，而谁才是真正的天才，但是我仍不认同卡尼曼对运气作用的夸大。我相信如果卡尼曼有机会见到像威尔·阿德一样的Tiger 21成员，他很快就会发现，这些人不仅非常乐观，还具备深度思考的能力。

回到威尔的例子，虽然他把家里的机票折现创办了自己的公司，但这种乐观行为并不愚蠢。威尔是一位经验丰富的地质和地球物理学家，拥有世界一流油气勘探公司的成功履历。他在菲利普斯石油工作期间获得了工商管理硕士学位，所以他很清楚自己的初创公司可以以极低的管理费用打败竞争对手，更不用说他的很多雇员手头上就有现成的勘探合同。在东南亚，威尔并不是唯一被裁的人。"我雇用了所有被裁的伙伴。"威尔后来笑着回忆道。

威尔也很有创业的天赋，他在上市公司和私人投资者中运筹帷幄，不断进行并购或投资。在接下来的30年里，他凭借自己深度思考的能力，在文莱、新加坡、马来西亚、菲律宾和越南勘探油气,同时在家乡印第安纳州投资农场、牧场和森林。如今,威尔在东南亚有许多油气资产并持续参与新的风险投资和勘探,他的净资产达到了九位数,并且还在不断增长。

有些人读到这里可能会想:"这家伙真幸运。"在谈到幸运在商业和投资中扮演的角色时,我总是会想起沃伦·巴菲特在1984年发表的关于"价值投资"的著名演讲。在演讲中,巴菲特为他在哥伦比亚商学院的导师本杰明·格雷厄姆和戴维·多德的著作《证券分析》进行了辩护,他说:"现在的教授认为这本50年前的书已经过时了,认为格雷厄姆－多德系统已经无效了,因为在有效市场中,公司的内在价值已经透过价格完全反映出来了,没有留下任何被低估的空间。教授们认为,投资者能战胜市场,仅仅是因为他们很幸运。而我认为,教授们错了。"[7]

巴菲特列举了八位极其成功的投资者(包括他本人和他的合伙人查理·芒格)利用格雷厄姆－多德系统在数十年间持续击败标准普尔500指数的例子。为了弄清楚运气在这些例子里的作用,巴菲特让他的听众想象:假如让2.25亿美国人(当年美国的总人口)都参加一场全国性的掷硬币比赛。比赛开始时,每个人都有一美元的筹码。每天进行一场比赛,赢家继续,输家退出。之后的每一天,胜利者都要把累积的奖金全部押在下一场比赛上。

20天后,会有215人胜出,并且他们的胜利完全归功于运气。巴菲特说,就算是2.25亿只红毛猩猩进行这样的比赛,结果也将一样。但是,如果这215只幸运的红毛猩猩不是均匀地分布在全国各地，而是"有 40 只来自奥马哈的某个动物园"，那你就要小心了，这里面可能别有原因。然后，你就会开始寻找非巧合背后的原因，就像科学家们发现罕见的癌症总是出现在某个矿山小镇上一样。巴菲特总结道，几十年来，他和其他格雷厄姆-多德的追随者持续地击败标准普尔，这就是"不成比例的成功"。他说："在投资世界里，你会发现掷硬币比赛的胜利者总是来自一个很小的区域，这个地方就是格雷厄姆-多德市。"

巴菲特的演讲解释了成功的投资依靠的不是运气。成功的创业也是如此，我认识的大多数成功创业者都来自一个能够培养他们自控力、毅力和乐观主义精神的地方。或许他们也受益于运气，但我认为，运气总是垂青于那些做好准备并愿意在合适的机会到来时冒险的人。

注释

1. Will Ade, interviews (February 19 and August 14, 2015).
2. Daniel Kahneman, *Thinking, Fast and Slow* (New York: Farrar, Straus and Giroux, 2011), 256.
3. Daniel Kahneman and Amos Tversky, "Intuitive Prediction: Biases and Corrective Procedures," *Forecasting: Methods and Applications*, 2nd ed. by Spyros G. Makridakis and Steven C. Wheelwright (New York: John Wiley & Sons, 1983), 313–27.
4. Kahneman, *Thinking*. See Note 1.
5. Ibid., 255.
6. Ibid., 256.
7. Warren Buffett, "The Superinvestors of Graham-and-Doddsville" (speech, Columbia Business School, May 17, 1984), https://www8.gsb.columbia.edu/rtfiles/cbs/hermes/Buffett1984.pdf.

THINK
BIGGER

第 4 课

如何面对歧视

我相信每个创业者都听别人这么对他说过：你不能这么做，这永远不会成功。

为了战胜怀疑论者和唱反调的人，几乎所有的创业者都要鼓足勇气并保持乐观，甚至有点妄想，就像第 3 课中的威尔那样。

女性创业者尤其需要这些超乎常人的特质。把一个想法付诸实践来创办一家公司对许多人来说已经很难了，女性更是需要额外面临一项挑战——来自他人的过于频繁的轻视和低估，用以描述这一现象的最准确的词就是"性别歧视"。

撰写本书让我有很好的机会去聆听别人的故事，也让我认识到要成为一名成功的创业者需要付出多少努力。而女性创业者的故事更加让我认识到，性别歧视是许多成功女性不得不克服的另一项挑战。

遗憾的是，当我把采访记录整理出来以后，许多女性受访者常常要求修改她们的故事。在最初的采访中，许多女性分享了老板或客户对她们的性骚扰、男同事故意把工作活动安排在脱衣舞俱乐部的行为，或者多年来她们不断承受的各种性暗示。起初，受访者愿意分享这些挑战，以期其他女性可以因此受益并采取各种预防措施。然而，当看到这些采访变成铅字的时候，她们往往会要求把这些细节删除，原因有很多，比如不想被视作受害者，或者想克制对那些曾经伤害过她们的男人的报复——如果是我，我不确定我能否像她们一样克制得住。

对我来说，关键的收获是发现了女性在工作场所受到的歧视，以及她们怎么学会忍受或者一笑置之。很少有男人理解其中的艰辛，我曾经就不能理解。

很多数据证实了她们的故事。2015年，全球创业观察（Global Entrepreneurship Monitor，GEM）进行了一次迄今为止最大规模的调查，发表了一份关于女性创业者的特别报告。报告指出，男性成为创业者的可能性要比女性高出50%。这并不是说女性没有发现商业机会的能力，而是即使看到了商业机会，她们也往往不太自信能够成功，并且她们对失败的恐惧要比男性大（也许是因为女性往往更现实）。在美国，61%接受调查的男性认为他们有可能成功创业，而只有46%的女性这样认为。

女性低估自己似乎并不让人感到意外。毕竟，当我们想到成功创业者的时候，通常想到的都是这些名字：比尔、谢尔盖、沃伦、马克、拉里——这些都是男性的名字。

GEM还发现，在获得风投的公司中，只有15%有女性高管，只有3%有女性CEO，并且在那些最终克服困难、获得成功的女性中，我发现了一个特点，就是她们都曾经遭遇过他人的低估。

以琼·普赖斯（Joan Price）的故事为例，她的人生道路从一开始就充满了艰辛。她的母亲患有慢性病。琼15岁时搬到了以色列，由于祖国的高中不愿意给移民的琼发学历证明，她不得不重读10年级和11年级。然而，尽管琼在学校额外读了一年，她还是没有得到任何文凭。

多亏了琼的决心和对学习的追求，利用以色列政府部门的一个小错误，琼设法进入了特拉维夫大学学习经济学。"我生活中的每件事几乎都要靠走后门才能成功，"琼说，"但我从来没有过任何特权，从来没有人打电话帮我进入哈佛大学。"[1]

最后，琼结了婚，生了孩子，并获得了经济学硕士学位，之后她搬到纽约去照顾她生病的母亲。当时，她母亲唯一的收入来源是在切尔西拥有的一栋房产的租金。"那时（20世纪80年代），"琼回忆道，"切尔西的街道和今天完全不一样，我们的隔壁就是肉类加工区，然后是红灯区，到处都是妓女和皮条客。"

琼劝说母亲不要卖掉那栋房产，而是让自己接手。然后她开始寻找接手其他房产的机会，进入房地产界。机会在1986年出现了，琼发现了一栋很好的房子，但是需要投入75万美元，而她总共才有10万美元的本金，连首付都不够。最后她把姐姐拉入伙，每人投资10万美元拿下了那栋房子。

"自此以后，我一直都在买房子。因为没钱，所以我从小型房产开始。"琼说，"很多人只看到那些房产的破败，却没有看到背后的机会。我买过你从未见过的最破落的贫民窟房子，然后让它们焕然一新。"

如今，琼成了一名成功的经纪人，在纽约拥有数十栋房产。"我终于让自己在房地产界扬名立万，尽管起初没有人相信我能做到，每个人都把我当作隐形人。"她说。

琼的经历可能与她的自我认知有关。"我遗传了我妈妈习惯于自我贬低的个性，我的外在和行为表现都非常低调。"她说。房地产界是一个以男性为主的行业，这让她更容易被忽视。"房地产行业当然有女性，但没有人会像我这样做。我愿意接受挑战，去发掘价值，很少有其他人会这么做，尤其是女性。"

被低估也有好处，竞争对手往往会放松警惕，让她成为目标的唯一买家，而卖家也往往因此愿意低价出售。

像琼一样，伊娃·洛萨科（Eva Losacco）从小就得自食其力。她的父母都是南斯拉夫㊀移民，父亲是一名看门人，母亲在一家帐

㊀ 已解体。

篷厂工作，两人都不会说英语。七岁的时候，伊娃和弟弟被送到一所天主教学校读书，被迫学会独立。

伊娃全家住在一个只有一间卧室的公寓里，她和弟弟、奶奶共用卧室，父母睡在客厅的沙发上。他们住在芝加哥的贫民区，有一次，一个少年犯甚至抓着伊娃的头往砖墙上撞。

虽然生活环境不好，但伊娃的父母还是以勤奋工作给女儿树立了好榜样，并让她从未感觉比别人差。伊娃从11岁起就开始打工，她以此为傲。"这让我感觉很独立，很有自信。"[2] 同时伊娃在学业上也很优秀，尤其是在科学方面。在八年级时，她在当地的一场科学竞赛中获胜，并晋级到高一级的地区赛，最终在州级科学竞赛中胜出，并获得了一所天主教女子高中的奖学金。

从小到大，看着父母努力工作却收入微薄，伊娃明白了自己的人生目标。"专注，并且努力挣钱。"她说，"我从不为任何其他事情分心。"

在职业生涯的早期，伊娃在一家销售公路和航空航天设备的公司工作。性骚扰是常态，她的工程师同事会带她去有内衣秀的餐厅吃午餐。"虽然有点尴尬，"她承认，"但我总是保持微笑，不让自己表现得不舒服。"

这种性骚扰在伊娃的职业生涯中反复出现。10年后，在面试另一份工作时，公司负责人对她说："我是不会雇一个女人的，因为我害怕在一个项目的紧要关头，你必须回家为丈夫做饭。"伊娃的回答是："你不会面对这种情况的，因为我绝不会嫁给一个连三明治都不会做的男人。"

这位老板从来没有改变过，就像唐纳德·特朗普一样，但伊娃克服了这一不利处境。她知道，在一个高速成长却以男性为主的金融技术行业里，女性的身份会妨碍她获得高薪和升职，所以她总是仔细权衡。"我总是会确保我选择那些基于绩效的薪酬结构，绩效奖金让我得以证明自己带给公司多少价值。"很快，她就成了整个公司中收入最高的人。

钱不会说谎。她的老板也无法否认伊娃是个杀手级别的销售，她最终帮助公司成长为一家价值 7 亿美元的公司。

伊娃在谈到这些经历时说："我选择不让任何一件事情影响到我。"她一直在忽视身边的性别歧视，并专注于自己的目标，这是一种非常务实的女权主义策略："这里有个障碍，我怎样才能绕过它呢？"

在一家公司做顶级销售代表的时候，伊娃怀孕了。根据公司的政策，休产假的女员工能拿到前一年薪水的某个百分比的补偿金，她预期能拿到 7.5 万美元，但人力资源部主管打电话给她，说公司只付给她 1.7 万美元。伊娃很恼火，她承认曾考虑过起诉，但她意识到："这只会对我造成更大的伤害，也会损害我的职业声誉。"最后，她选择离开而不是起诉，并因此在后来获得了更好的机会和更多的经济回报。

今天，伊娃的成功超出了她最初的梦想。但更令人印象深刻的是，她总是能够摆脱那些不断阻挠她的人。

成功的创业者都是杰出人士，像琼和伊娃这样的女性创业者更是如此。她们不仅要面对商场上的挑战，还要面对性别歧视。这两位女性都非常有毅力，正如我们将在下一课中看到的那样，这也许是成功创业者身上最重要的品质。

注释

1. Joan Price, interview (February 3, 2017).
2. Eva Losacco, interview (February 3, 2017).

THINK
BIGGER

第 5 课

大多数时候毅力比智力更重要

乐观情绪帮助创业者开启一段冒险历程,自控力帮助他们在旅途中抵抗诱惑。考虑到初创企业的高失败率,那些最后成功的创业者需要十年如一日地奋斗,努力经营一家企业,因此他们需要拥有另外一种品质:坚韧不拔的毅力。安吉拉·达克沃思和她的同事詹姆斯·格罗斯(James Gross)说:"哪怕为了实现一个看起来超级简单的目标,你也必须在几年甚至几十年里持续不断地努力。"[1]

达克沃思的一项心理学研究让她能够预测什么样的学生能够从较差的公立学校里脱颖而出,谁能通过西点军校第一学期的地狱式训练,谁又能被最终选拔进入美军特种部队。而这一切都与智商、考试成绩或者体力无关。[2]

虽然达克沃思未曾研究过创业者，但在过去的20年里，我所听过的大多数成功创业者都符合她的心理学研究。他们中的每个人都面临过无数危急时刻，当公司运营突然出现危机时，他们会冷静地分析形势，然后做出决断，并满怀勇气；在未来的漫长岁月里扭转乾坤，打造一个千万美元级甚至更大规模的企业。

以艾德·多尔蒂（Ed Doherty）为例。[3]艾德成长于布鲁克林的一个单亲家庭。他的母亲做过家政服务员和簿记员，后来终于存了足够的钱在长岛开了一家熟食店。艾德高中时每天都在那里帮忙：平日每周40个小时，暑假每周60个小时。

1973年，艾德在汉堡王的不动产部门工作，负责为公司在东海岸挑选门店地址。万豪集团找到了他，希望他跳槽到其快餐部门工作。"你在业界的名声很好。"万豪集团的联络人说，并且给他开了2.5万美元的年薪。当时艾德在汉堡王的年薪是2.4万美元，他做了一番讨价还价，最后以2.6万美元年薪接受了万豪集团的职位。

在接下来的五年里，他成了一名快餐店选址大师，并被提拔为万豪集团餐饮不动产部门的二号人物。很快他要求转到运营部门，开始负责纽约都市区1/3的罗伊·罗杰斯（Roy Rogers）餐厅。1984年，他在公司的晋升阶梯上迈出了一大步：作为万豪集团华盛顿特区总部的总经理，负责全美1200家大男孩餐厅（Big Boy Restaurants）。当时，艾德和他的太太刚迎来第三个孩子的诞生，准备搬到华盛顿特区去住。

当他的妻子正筹划搬家的时候,艾德已经开始在总部上班了。但是他很快意识到公司总部充斥着一种高管之间互相敌对的企业文化,他的才能无法在这里得到最大限度的发挥。虽然在这里艾德的薪酬很高,但他还是给在新泽西州的太太琼打了电话,告诉她先不要搬,"我们得好好想想"。

最后,艾德有了自己的主张。他计划筹资买下之前自己负责经营的 19 家罗伊·罗杰斯餐厅。这些餐厅整体年亏损合计为 70 万美元,平均每家的年营业额为 64 万美元。"我想我有办法让他们扭亏为盈。"他成功地劝说万豪集团的 CEO,理查德·马里奥特(Richard Marriot),以 100 万美元的价格把这些餐厅卖给了他。艾德很快找到了一家银行为其提供私人贷款,然后他和妻子进行了一场艰难的谈话。"我对她说,"艾德回忆道,"好吧,亲爱的,我的计划是:放弃目前这份年薪 20 万美元的工作,在每月继续还房贷的同时再借 100 万美元,并且在接下来一段时间内可能没有工资收入。但是,这是一个让我们掌控自己命运的良机。"幸运的是,妻子给她亮了绿灯。

在接下来的五年里,艾德的经营让餐厅的年平均销售额翻了一番。他接着又贷款购买了更多的店铺:九家罗伊·罗杰斯餐厅和六家 TJ 肉桂(TJ Cinnamons)的面包店。"一切都很顺利。"艾德回忆道。

然而,事情开始起了变化。1990 年,作为其长期战略的一部分,万豪集团决定退出快餐店生意,在接下来的三年里,它把"大男孩"和"罗伊·罗杰斯"品牌卖给了哈迪公司（Hardee's）。在艾德看来，新的品牌拥有者在三年时间里摧毁了"罗伊·罗杰斯"。艾德欠着银行450万美元，并"眼睁睁地看着生意走下坡路"。但接着他展现了优秀企业家的一面，他说道："我没有责怪自己或者任何人。只是生意本身遇到了问题，而我必须制订一个计划并执行它，如果计划有效，我最终将起死回生。"换句话说，他按下了坚韧的按钮。

一方面，他要求银行帮助他重组贷款，但银行拒绝了，因为它们只有在借款人拖欠债务时才答应重组贷款。于是艾德别无选择，只好停止还贷，因为他快没钱了。另一方面，他停止支付加盟费给哈迪公司。"我无法在支付员工工资的同时还贷和付加盟费，"艾德解释说，"我必须优先考虑我的员工。"最后，艾德聘请了一位优秀的律师帮助他解决了与银行和哈迪公司的事项，避免了被宣告破产。

在接下来的几年里，艾德出售了一部分租约，同时成功说服银行将他的贷款减少到300万美元，并说服哈迪公司豁免其专利费。在不到一年的时间里，他提前四年还清了300万美元的贷款。事实证明，艾德是个很有说服力的人，他说服银行再削减70万美元的贷款。"现金最重要。"他说道。

大多数企业家在得到现金流后都会继续坚持目前的生意，然而艾德不一样，他开始寻找下一个机会。他喜欢苹果蜂（Applebee）这个品牌，当时该品牌正在东岸一带扩张。因为艾德的净资产不够多，该公司拒绝了他，但艾德不断坚持。"难道没有其他办法了吗？"最终该公司同意与他合作。艾德于1993年在新泽西开设了他的两家苹果蜂餐厅。与此同时，他开始出售罗伊·罗杰斯，用来偿清贷款，并寻找更多的机会。当时，温蒂斯公司（Wendy's）正好在考虑从哈迪公司购买150个新泽西和长岛的店面。艾德说服了温蒂斯公司借钱给他并将其拥有的"罗伊·罗杰斯"中的3个转换为温蒂斯快餐店。这个尝试很成功，新店面销售额暴增。1995年，艾德又新开了两家苹果蜂餐厅，并将剩下的"罗伊·罗杰斯"全部转换为温蒂斯快餐店。

三年，艾德从破产的边缘走向了成功。六年后，他拥有了10家温蒂斯的特许加盟店，并积累了宝贵的经验。他认识到，他的成功和家庭的未来在很大程度上取决于他的加盟品牌的成功。这对他来说还不够，所以他决定卖掉温蒂斯快餐店，以便"把足够的钱放在自己的口袋里，让我的家人再也不用担心了"。

艾德今年虽然已经69岁了，但是还在经营自己的事业。他自己的公司——多尔蒂公司（Doherty Enterprise）现在拥有107家苹果蜂餐厅，43家帕内拉（Panera）面包店，还开了2家爱尔兰酒吧和2家红酒酒吧。当我在2016年与他交谈时，他预计年销售额将达到5亿美元。"这一切都是运气。"艾德耸耸肩说，运气让他赢得了许多银行家的认同和资金。

这种来之不易的运气是许多Tiger 21成员职业生涯中的一个共同点，但我们偶尔也会听到一些更艰难、更让人感动的故事。当里克·本尼特（Rick Bennett）加入得克萨斯州奥斯汀的 Tiger 21 小组的时候，大家认为他是一位挣钱很容易的成功的财富管理公司合伙人。但在他讲述了自己的故事后，人们改变了对他的看法。[4]

20 年前，当里克刚开始和人合伙做生意时，他的婚姻却破裂了。离婚过程很不顺利，以至于里克无法专心致力于自己的初创事业。然后他很快就认识到，他的前妻将无法分担三个年幼孩子的共同监护权，因此他不得不成了一位单身父亲。

里克必须在事业和照顾孩子间做出艰难选择，于是他去找他的生意伙伴商量。"我得对生活中的一切事情负责，我不会放弃我的孩子们。"他把孩子列为第一要务，自己的健康为第二要务。"如果必须要放弃什么，那只能放弃工作。因此，我们必须想出办法让我有灵活的时间去参加学校活动，做我需要做的事情。"

最终他们解决了这一问题，里克开始把他的生活划分为发展事业和照顾孩子。在接下来的 20 年里，他在生活与工作之间实现了完美的平衡——陪孩子做作业，邀请朋友们来家做客，和家人一起旅行。与此同时，他继续发展事业。他选择不再结婚，虽然偶尔约会，但从不带女伴回家。

当里克讲述他的故事以及他面临的巨大挑战时，"房间里寂静无声。"Tiger 21 奥斯汀分会的主席克里斯·瑞安（Chris Ryan）回忆道，"房间里所有人都非常崇敬里克，你能感觉到。"

而里克却对那 20 年的生活经历不以为然。"我没有为任何事情苦恼，也没有为我自己感到遗憾。"他回应艾德的话说，"我做到了，不仅做到了，还乐在其中。"

我认为里克的故事之所以如此吸引人，一方面是因为我们中的许多人很难想象在家工作能很好地发展事业，另一方面是因为很多人难以想象自己能应付单亲爸爸或单亲妈妈的挑战。不过，坎迪斯·卡彭特·奥尔森（Candice Carpenter Olson）肯定不会这样觉得，她是另一个有过类似经历的人。事实上，我认为坎迪斯是最具备坚韧气质的企业家。

20世纪90年代初，作为曼哈顿的一位成功女性，坎迪斯已经有了一段非常成功的职业履历。她40岁的时候，就已经成为美国运通（American Express）的副总裁、时代生活视频（Time-Life Video）的总裁以及第二季度公司（Q2）的总裁了——Q2是她与巴里·迪勒（Barry Diller）共同打造的QVC⊖的高端版本。尽管她声称自己大部分时间都想躲在办公桌下，但她还是以坚强勇敢而出名。

当走在去大公司面试的路上时，坎迪斯经常情不自禁地想呕吐，这让她意识到自己其实非常渴望做老板，她说："没有比这更清楚的信号了，我必须把自己解放出来。"[5]

当时，互联网才刚刚开始进入大众视线。坎迪斯曾经为美国在线（AOL）的一位高管提供过咨询，这让她看到了一个巨大的机会：创建一个针对女性的网站。作为一名单身女性，坎迪斯知道要

⊖ 美国最大的电视购物公司。

找到一位合适的伴侣是多么困难。她经常约会，但找不到值得她承诺的人。

"我们对这个想法充满了宗教般的热情，"她说。但投资者们起初并不认同。"他们对我说，'女人永远不会使用互联网'。"现在这听起来很可笑，但在当时却是非常普遍的看法。

她无视了那些唱反调的人，并坚持走自己的路。1995年，坎迪斯创建了女性网站iVallage.com。到1999年，该公司市值20亿美元。

在做这一切的同时，坎迪斯也是一个单身母亲。她觉得与其冒险去找一个错误的伴侣，不如单独抚养还在蹒跚学步的孩子。人们很难相信一位单身母亲能够开创这么大的一家公司。

坎迪斯知道，如果一个创业者选择错了伴侣，将对个人和职业造成何等毁灭性的打击。"创业者就像艺术家，他们也需要艺术家所需要的那种情感上的支持。"她说，"CEO是孤独的，创业公司的CEO更孤独，更别提带着孩子的创业公司女CEO了，想想看那种感觉。"

她承认这很艰难。但她找到了克服的办法。她雇用了一个厨师每天为她和女儿准备晚餐。"我会在六点钟赶回家，准时出现在餐桌旁。接着与我的女儿度过几个小时的甜蜜时光，直到把她放在床上哄她睡着。然后我立刻拿出笔记本电脑工作到午夜。这一切很紧凑，但我成功做到了。现在我的女儿22岁了，也开始了她自己的创业生涯。"

坎迪斯故事的尾声让人惊喜：2000年，她辞去了iVillage CEO的职位，两年后遇到了她现在的丈夫彼得（Peter），兰登书屋（Random House）的负责人。他们和七个孩子住在一起，其中三个是从东欧领养的。现在，坎迪斯和彼得又共同创办了一家新公司。

我相信坎迪斯会同意里克作为一个单亲家长的观点："如果一件事太容易，人人都会做，那就没什么了不起了。"这就是创业者展示出来的——坚韧不拔的毅力。

注释

1. Angela Duckworth and James J. Gross, "Self-Control and Grit: Related but Separable Determinants of Success," *Current Directions in Psychological Science* 23:5 (October 15, 2014), 319.
2. Angela Duckworth, *Grit: The Power of Passion and Perseverance* (New York: Scribner, 2016).
3. Ed Doherty, interview (July 16, 2015).
4. Rick Bennett, interview (September 8, 2015).
5. Candice Carpenter Olson, interview (February 3, 2017).

THINK BIGGER

第 6 课

✧

在世界一流公司工作的经验很有价值

当我第一次听到这个话题时,我觉得它是如此正确,以至于我想要责备自己没有早点知道这一点。我的思绪被带回了 1978 年,当时我在高盛(Goldman Sachs)工作。虽然近年来高盛卷入了种种争议,但在我看来,它依然是一个世界级的标杆公司,拥有顶级的金融人才。

就在那一年,我加入了高盛排名华尔街第一的并购部门。当年他们招聘了一位助理研究员,那就是我。我太激动了!当开始第一天的工作时,我很快就发现自己是公司唯一留胡须、穿地球牌鞋子的人(我打赌你根本不知道这个牌子)。从第一天起,我就知道我和其他同事是不同的人。

当时我们部门的两位负责人是杰夫·博伊西（Geoff Boisi）和史蒂夫·弗里德曼（Steve Friedman）。杰夫是高盛当时最年轻的合伙人，史蒂夫后来成了高盛的两位联席主席之一（另一位联席主席是罗伯特·鲁宾，担任过比尔·克林顿政府的财政部部长）。在离开高盛之后，史蒂夫担任过乔治·W. 布什政府的美国国家经济委员会（National Economic Council）主席、比尔·克林顿政府的外交情报顾问，以及纽约联邦储备委员会（New York Fed Board）主席。

我喜欢与这些充满激情、雄心勃勃的聪明人相处，并且以自己的高盛名片自豪。高盛的文化强调合作胜过个性，因此其每一级的管理都采用了联席主席的模式。这一独特的强调合伙人精神的文化深刻地影响了我，我在后来职业生涯的每一步都尝试采取过同样的管理模式。

但尽管如此，我没过多久就意识到我的工作并不符合我的设想。工作时长倒不是问题（每个人，我指的是初级员工，都需要从上午9点工作到午夜之后，包括周末）。让我不满的有两点：一个是我的直接主管，他基本上就是个混蛋。另一个是这份工作对我来说太过"象牙塔"了。在高盛工作过之后，我才意识到自己真正的兴趣——撸起袖子自己做一番事业。工作了大约三个月后，我与弗里德曼做了一次一对一的会面，希望得到他的建议。我为这次会面鼓足了勇气。要知道，弗里德曼，这位大学里的摔跤冠军，通常不喜欢与人闲聊。

我告诉他，我不知道自己做得好不好，我也不确定自己是否喜欢这份工作，我想寻求一些如何更好融入的建议。弗里德曼全神贯注地听着我的话，突然令我大吃一惊地说道："那么，索南费尔特，你想辞职吗？"接下来的30秒永远刻在我的记忆中，它就像一辈子那么长，我在脑海中设想了如果我辞职将会发生什么——我母亲患癌症快死了，而我登上了《纽约时报》的头版，标题是：愚蠢的索南费尔特，他居然放弃了一生的职业机会！

但接着，我违反了理智以及父亲对我的每一条忠告，我从内心深处给出了这样的回答："嗯，我想是的。"弗里德曼立刻说："嗯，当我们雇用你的时候，就知道你很聪明又与众不同，不过你想一下公司里还有别的部门你想去吗？"

非常巧的是，就在那天早上，当我乘坐的电梯在我办公室所在楼层的下一层停下时，一个牌子吸引了我的目光，上面写着：高盛房地产公司（Goldman Sachs Realty Corp）。于是我回答："我想去房地产部门。"弗里德曼立刻拿起电话，拨给负责该部门的合伙人雪莱·西瓦克（Shelley Seevak）。接下来的周一，我就去雪莱的部门报到了。

在过去40年里，我经常回想起弗里德曼那天的样子。他聆听一个非常紧张的孩子的心声，然后迅速帮助他找到了更好的归宿。对我来说，这就是一个世界一流公司对其员工所展示的智慧和弹性。此后，每当我在经营企业遇到任何组织问题时，我都会问自己："如果这个问题发生在高盛，那些最优秀的人会如何处理它？"

在一家一流公司的经验是非常有价值的，如果你一开始就自己创业，你就不太有机会去学习这些特别的经验。虽然一个聪明人总会从经验中学到很多，但许多创业者都承认，他们的大部分经验其实都来自那些成功的老牌公司。正如第2课谈到的那位医疗产品供货公司的创始人乔治·海泽尔所说，要想经营好一家公司，你必须做到"卷起袖子，一周工作六七天，并且你必须有各方面丰富的经验。例如，在我的工作中，我必须与至少六个不同的政府机构打交道，包括美国联邦通信委员会（FCC）、美国食品和药物管理局（FDA）、美国联邦医疗补助项目（Medicaid）和司法部。"[1]

当乔治在35岁创立自己的公司时，他已经在医疗行业工作了超过20年。从12岁开始，乔治就在课余和暑假期间到家里的救护车公司帮忙，这家公司是他的祖父在纽约罗切斯特创立的。大学毕业后，乔治加入公司开始了全职工作。四年后，父亲把公司卖给了Rural Metro公司，后者在美国和拉丁美洲的许多城市经营连锁急救医疗服务。乔治在公司留任。他回忆道："公司有18 000名员工，我的工资和职级都处于最底层。"Rural Metro公司当时收购了大约70家本地夫妻店救护车公司，新公司的老板起初认为乔治只是又一个被宠坏的继承人。然而实际上，乔治回忆道："我的父亲总是让我加班，而且给很低的薪水，还经常开玩笑说要我为累积的工作经历付钱给他。现在我认为他是对的。"

在一位空降的高级副总裁的监督下，乔治跟随他以每周7天24小时的状态工作并累积业务经验。很快他就开始上手运营位于凤凰城的分公司。三年后，当他30岁时，他被任命为公司在圣地亚哥的911服务总经理。又过了一年，他被任命为区域总裁，负责 11 个位于阿根廷、巴西和玻利维亚的营运中心，管理着 3500 名员工。

"我认为，如今的年轻人不太明白，在大多数公司里，你也必须保持创业者的心态。"乔治说，"很多困难需要创新的方法去解决，你必须学会做出决定，也必须培养你的团队。"乔治承认有时他也会苦恼于公司内部的官僚主义争吵，以至于考虑过退出。但他很快意识到这些都是必不可少的人生经历。"我一直梦想着自己创业，但如果没有累积足够的公司经验，成功的可能性将为零。"

乔治建议为一家公司工作"至少 5 年，但不要超过 10 年"。10 年后，如同他的一位前上司说过的，你就会"成功地生活在一家公司，却不被整个社会所需要"。乔治也观察到另外一种现象：在罗切斯特，许多大公司拿高薪的高管在开始创业后，认为自己将理所当然地获得成功。虽然他们在柯达（Kodak）、施乐（Xerox）、博士伦（Bausch & Lomb）都是非常成功的职业经理人，但他们对如何赚钱和管理现金一无所知，最终只能吞下失败的苦果。乔治也建议年轻人加入一家快速成长的公司，这更可能让你负责一块业务的营收。有了这样的亲身经历，在你创业之后，你就可以知道自己的公司在 10～20 年后应该是什么样子。

话虽如此，即使你已经在大公司工作了很多年，也不要灰心。记得艾德·多尔蒂吗？他曾在三家美国大公司担任了 25 年的高管，然后才决定用买下 19 家亏损的连锁餐厅的方式开始自己的创业。

还有另一位希望匿名的创业者的故事，我们叫她埃莉诺（Eleanor）

吧。埃莉诺在亚洲、拉丁美洲和美国的媒体公司担任了20多年高管，这是一段非常愉快和有创造性的经历，她从没有考虑过创业。[2] 然后，她的一位医生老朋友邀请她合伙创办一家妇女保健公司，埃莉诺答应了。大约10年前，这两位女士联手创办了自己的公司。"这是一个巨大的惊喜，我喜欢经历那些我未想象过的东西。"埃莉诺回忆道，"就在不久前，一位和我认识不久的同事问我一直是这样的人吗？我回答说，并不是。"虽然埃莉诺做过很多年的大公司高管，但创业后她发现自己在医疗保健业务上有很多需要学习的地方，她的大公司工作经验提供了帮助。

"我在企业界学到的最重要的一件事是，如果你要让某人承担责任，就必须赋予他权力。当你开始经营一家公司时，大家齐心协力做事情，核心团队在每件事上都有发言权，局面是非常混乱的。随着公司发展壮大，你必须建立一个角色清晰和责任明确的机制。如果你不知道这种责任－权力机制是什么样子的话，你就无法推动公司从创业文化过渡到真正的企业管理文化。"

在面对几个潜在买家时，埃莉诺和合作伙伴把她们的业务卖给了一家私人股本公司，该公司已经收购了她们的主要竞争对手。考虑到埃莉诺在大公司的任职经验，她成为合并后公司负责人的最佳人选。几年后，这家私人股本公司的所有者决定出售这家公司，潜在的买家包括同行业的许多大公司。埃莉诺对重返大公司工作的前景感到担忧。"我已经找到了自己的激情并乐在其中，我害怕在一个大公司的官僚结构中失去它。对我来说最重要的是让心中的这团火继续燃烧，让我的团队保持聪明、敏捷，有创业精神。我从自己的大公司工作中学到了很多重要的东西，但我想利用这些经验来创造一些新的东西，而不是把我的精力花在一个新的大公司里。

幸运的是，去年该公司被出售给另一家私人股本集团，埃莉诺仍然是CEO。作为医疗行业的创业者，在美国企业界的经历给了埃莉诺经验，帮助她把一个想法落地到一家成功的创业公司，并在创业公司成熟后，继续担任它的领导。

注释

1. George Heisel, interview (July 14, 2015).
2. Anonymous, interview (July 31, 2015).

THINK
BIGGER

第 7 课

你的劣势可以成为优势

多年来,我认识的许多杰出的创业者都曾经克服过生活中的一些挑战,从而在学校、公司或大型机构等组织环境中获得成功。这些挑战包括遭受虐待的经历、酗酒的父母等;或者是学习障碍,例如阅读障碍和注意力缺陷障碍(ADD);甚至是吸毒成瘾史。很多成功的创业者克服了这些困难并取得了成功。

如果你也曾经遇到过这样的挑战,就说明你已经比大多数同龄人更坚强了,或者说,你比平常人拥有更多的动力去获得成功。像我岳父常说的,你成了一名"崎岖道路上的跑者"。他不会让任何障碍挡着他的路,如果一种方法不成功,他很快就会找到另一条通往目标的道路。

"你知道创业者的定义是什么吗？30岁的时候失业。"里克·根托（Rick Gornto）告诉我。[1] 20多岁的时候，他一直在苦苦挣扎，辗转过不同的工作岗位，却从来没有感觉到自己在一家公司的存在感。他很心急，却找不到自己的人生方向。一次在申请销售员的岗位时，他被要求参加一项测试。"两天后，面试者对我说：'孩子，我不能雇用你，因为你的测试结果显示，你永远不会成为一名好的销售。'"

里克从来都不是一个好的应试者，但他非常确信一件事：自己个性上的优势。他在高中学生会里磨炼了政治艺术，在大学时代兼职做酒保和X光技术员的经历磨炼了他的决断力。如果没人雇用他，那么他将开始自己的事业——卖保险。"我借了1000美元当作创业基金，在卖掉第一份保单之后，我雇用了一位秘书。"只用了三年，里克就获得了保险业的顶级奖项"圆桌会员"（Top of the Table）——奖励那些年保单销售额超过1亿美元的顶级业务员。

"从那以后，我开始存钱，然后不断投资各种生意。在接下来的40年里，我经手买卖了大约16家企业。"例如，1993年，里克卖掉了一家年营业额5000万美元的保险证券公司。"我当时47岁，开始做慈善项目，同时担任顾问。"这对于一个从来不知道自己父亲是谁、和单身母亲长大的人来说，还算不错。里克出生在佛罗里达州农村的一个摇摇欲坠的排屋里，只有厨房的炉子可以取暖。在接下来的七年里，他和母亲以及她的第三任丈夫搬到了拖车公园。在他们搬到墨西哥后，里克被送到了当地的寄宿学校，他当时才

13 岁。"这些经历让我在心里对母亲感到冷淡。"里克回忆道。

里克一直没能找到好工作,他曾经待过三所不同的大学,最后成为一名职业跳伞运动员。这背后的原因是他有注意力缺陷障碍,这让他很难集中注意力,除非是在空中跳下时。"我在一家公司工作了一年半,当时我几乎没能遵从任何一条公司的规章制度。"他回忆说。40 年后,在经过了一些心理治疗之后,里克再回头看时发现,"公司环境中太多的规章制度和拖拉的决策链条只会给我造成障碍"。

像许多成功的、有缺点的创业者一样,很快里克给自己定制了一个"环境"(即创业公司),以使自己能够扬长避短。里克的习惯是在早上 9 点前喝咖啡,这使他能以充沛的精力开始一天的工作。"但这会让我过度兴奋。"他坦承道。在 42 岁卖掉了自己的第一家公司之后,里克终于想出了办法来确保他下一家公司的成功。"我给自己找了一个负责任的合伙人,可以帮助我远离麻烦。"这个知道如何控制他的合伙人就是他的妻子詹妮丝。凭借着经验和周围人的帮助,里克把他爱好广泛这一优势发挥得淋漓尽致,他的注意力缺陷障碍成了他的优势。

里克不是我认识的唯一懂得将劣势转化为优势的创业者,戴维·阿什(David Ash)也是这样的人。戴维在他人生的前 30 年里闯了很多祸,以至于让人惊叹他没有在监狱里度过一生已经是人间奇迹了。学校生活对他一直是个挑战,"到六年级的时候我就放弃了尝试。"[2] 他以"打架、偷东西、逃课"在他生活的蒙特利尔内城社区出名。他还患有癫痫，这让他的生活更加困难。

戴维的父母都有各自的麻烦要处理，以至于无法管教自己的三个子女。他的父亲是一位酗酒的铁路扳道工，每月就指望着一点微薄的薪水养活全家。他的母亲有精神上的问题，并且滥用药物。戴维的第一份正式工作是在基督教青年会（YMCA）的厨房洗碗。在那之后，他加入了一家租房中介公司，这帮他找到了自己的销售天赋。17岁时，他参加了一门房地产课程，出乎他意料的是，他通过了这门课程。"我最终证明了自己并非一无是处。"他加入了一家名叫Century 21的公司，还戴上一副假胡子让自己看上去更成熟。在一次公司内部激励大会上，戴维发誓说，到30岁时他将成为百万富翁。在接下来的10年里，他做了一笔又一笔生意，"其中一些挣钱了"。

30岁时，戴维因为欠了6年的税负了12.5万美元的债，他当时住在多伦多，试图从破产中恢复过来。为了重新开始，他决定和他的女友丽斯搬到温哥华去。丽斯是法国裔加拿大人，是个护士，她在戴维身上看到了潜力。在之后的两年里，他们结婚、工作、存款，并有了一个儿子。得益于这段他从未有过的稳定的家庭生活，戴维决定克服自己吸毒的恶习，加入了匿名戒毒会（Narcotics Anonymous）。

又过了两年，当他的女儿出生时，戴维清偿了债务，有了一名雇员和一间小办公室，创办了加拿大发薪日贷款行业的第二家公司。不到一年，公司外就排起了等待申请贷款的顾客长队。尽管围绕发薪日贷款存在争议，但戴维称它是一种"金融出租车"，目的是帮助那些信用不良、手头拮据的辛勤工作者，好让他们有钱度日，直到下一个发薪日来临。

很显然，这个行业的市场需求旺盛。三年内，戴维就在加拿大各地开设了 12 家分公司。那是在 1998 年，互联网开始繁荣，戴维抓住这个机会，创建了第一个提供在线发薪日贷款服务的公司，从而进一步扩大了规模。四年后，戴维的小作坊已经成长为拥有 500 名员工、数亿美元贷款、数百万美元盈利的公司。戴维是公司唯一的股东，拥有他不曾想象过的巨大财富。

但戴维始终觉得还缺点什么。在一场由一名企业家组织赞助的课堂上，他找到了答案。那堂课的主题是如何让企业更好地服务社会。其中一位同学谈起了他的公司所做的一些事情，包括捐献 20% 的利润给世界范围内的穷人、支出 25% 的利润给员工，以及额外制定为期两周的付薪假期，只要员工把假期用在慈善活动上。

戴维大吃一惊。"我们就是被这样抚养起来的。"那位同学解释道。一年后，戴维成立了自己的公司慈善基金，每月捐出 3 万美元，为温哥华无家可归的人提供食物和住所。2004 年，他在这个城市最贫困的社区买下了一处荒废的房产，并把它变成了 24 小时避难所，用以帮助受到精神疾病和毒品困扰的妇女。戴维把它命名为"薇薇安"(Vivian)，这是他母亲的名字。在意识到他更关心慈善工作而不是企业经营之后，戴维决定卖掉他的公司，成为一名职业慈善家。

他和丽斯在温哥华买下了有71个房间的多德森大楼，为当地无家可归的人提供过渡性住房，以帮助他们重新振作起来。2014年，戴维和丽斯的基金会把这栋大楼以低价转让给了他们的合作伙伴——一家非营利社区住房机构，由其继续运营。

我本人从所有这些成功创业者的故事中学到了一件事，那就是成功不能仅仅用个人创造的财富来衡量。对我来说，更有趣的是每个创业者一路走来的经历。我总是被创业者的动人故事所感动，他们为了获得成功而一路筚路蓝缕。有时，他们的起点不是特别好，总有一些劣势需要克服，比如不合格的父母、自己的不良嗜好或者学习障碍等。他们有时还会遭遇意想不到的坏运气。最有教育意义的经历往往来自那些费了九牛二虎之力才来到起跑线的创业者，他们的经历让其他人的故事显得黯然无光。

注释

1. Rick Gornto, interview (February 4, 2016).
2. David Ash, interview (October 24, 2016).

THINK
BIGGER

第 8 课

你的另一半

我曾经考虑过把本课当作第 1 课，因为选择一位正确的伴侣（或者错误的伴侣）肯定会自始至终影响你作为创业者的一切。在 Tiger 21 的聚会中，每位成员都需要在年终总结中分享他们学到的十大经验教训。在这些分享中，你会常常见到"你需要和一个正确的人结婚""如果我的另一半是其他类型的人，所有的一切都不会发生"。有一位离职后借贷创业并获得成功的成员回忆道："幸好我和一个愿意承担风险的女人结婚了。我知道很多人不愿让丈夫或妻子冒着风险朝前走。"

琳达（Linda）和马吉德·亚伯拉罕（Magid Abraham）就是一对配合默契的伴侣，他们是 1985 年通过工作认识的。琳达是宝洁公司的市场分析师，而马吉德在麻省理工学院获得博士学位后，加入了一家咨询公司工作，恰好参与了宝洁公司的一个项目。就像琳达说的："我们的关系中充满了无趣的数据。"[1]

1992年，他俩结婚了。三年后，他们创立了第一家公司Paragren——一家提供客户关系管理系统的公司。两年后，他们卖了这家公司，继续创立了第二家公司ComScore，并获得了回报。

这段充满爱的事业伙伴关系从一开始就运作良好。"我俩非常互补，"琳达说，"他在战略上很在行，而我非常擅长商业化。"并且两人都熟知客户需求，所以非常自信能做些什么，不能做些什么。

这种合作关系一直持续了20多年。在ComScore一起并肩战斗了14年后，他们目前正在研发Upskill——一个服务于类似谷歌眼镜那种可穿戴设备的软件平台。"每一次他都是我的最佳搭档。"琳达说。

"我们有一个非常自然的节奏，"琳达在谈到他们分配工作和家庭责任时说，"一直都很顺利。许多女性都会面临两难选择：是专注于孩子，还是继续追求事业呢？我很幸运，能够同时做到这两件事。"

有些人不明白。琳达说："当我在鸡尾酒会上说起自己的故事的时候，人们会感到吃惊。"但对这对创业者来说并不难。"两个人在一起不是把事情变得更难，而是让一切变得更容易。没有他，这一切我无法独自完成,我们的兴趣总是百分之百一致。"琳达说,"我不相信所谓的工作生活平衡。对我来说,这一切都是生活。"

亚伯拉罕夫妇的例子很特别。不是所有人都能在同一个人身上同时获得浪漫关系和专业伙伴关系,我认识的大多数创业者的另一半都属于愿意扮演配角的人。

罗伯特·奥林杰(Robert Oringer)的妻子马拉(Marla)鼓励他辞去在IBM的工作去创业。他们当时已经订了婚,马拉刚拿到商学学位,正准备在零售业找工作。马拉十几岁的时候就开始和罗伯特约会了。"我从没想过自己会嫁给一个在公司工作的人,我只知道家族企业。"马拉解释道,她的父亲在蒙特利尔拥有一家成功的服装公司。[2] 她问罗伯特:"你不想辞职去做点别的事情吗?"她很清楚,自从罗伯特把在沃顿商学院的专业从会计转到企业管理之后,他就一直幻想着创业。罗伯特说,他计划在IBM待上5年再说。"好吧,不过你已经快待满5年了,"马拉说,"你不觉得这就够了吗?"罗伯特想了一会儿,然后说:"是的,我认为你是对的。"[3]

罗伯特尝试在纽约和蒙特利尔寻找生意机会。在马拉父亲的介绍和帮助下,就在婚礼三周前,他在蒙特利尔找到一个机会。婚礼前几天,他们用收到的结婚礼金和马拉父亲提供的7万美元借款买下了一家公司。"我们结婚了,但是没有度蜜月,只是在蒙特利尔的一家旅馆里住了几晚。周末罗伯特就飞赴温哥华出了差。我没觉得有什么,因为我知道我们在自食其力,这是生活必经的一个阶段。"马拉当时只有22岁,嫁给了一个没有任何经验的初次创业者。罗伯特清楚地记得,他当时会在半夜醒来,想到自己正在苦苦挣扎的公司和一大笔贷款,"吓得要死"。

马拉并不知道这一切,但罗伯特和她分享了他的发展计划。与此同时,马拉很快为他们找到了一套公寓,并找了一份时尚买家的工作,她对此很满意。"我追求自己的事业,用我的收入支撑着两人的生活。"她解释道。她想要孩子,但她愿意等几年,给丈夫一点时间去发展事业。"我们过着简朴的生活,"她说,"我没有抱怨。我们的谈话总是关于生活的下一步。我认为我的角色是以所有可能的方式和形式支持我们俩走上正轨。"

最重要的是,马拉认为自己是"合伙人"。八年后,这种合作关系变得更加牢固,也变得更加复杂。那时,罗伯特作为一名创业者已经尝到了一些成功的甜头,他把自己的公司和另一家公司合并了,合并后的公司还有另外两名合伙人。

在做了多年的时尚买家之后,马拉的叔叔意外去世了,她接管了父亲公司的一个部门,她的叔叔曾是该部门的总裁。她回忆道:"我现在是卖家,但零售商们喜欢我,因为他们知道我也曾经是他们中的一员。"她在第一次怀孕的时候,还在为公司工作,直到怀孕八个月。在大儿子科里出生后,她只休了几个月产假;而当小儿子贾斯汀出生后,她只休了几周产假,就继续工作了。

当贾斯汀九个月大、科里三岁时,两个男孩在三周里分别被诊断出患有糖尿病。马拉不得不每天晚上给孩子们做血糖测试,然后白天继续工作，而且一周还需要出差一两天。"情况不太好。"她承认，"我知道我必须要做些改变，所以我在公司的会议室里告诉我爸爸和我所在部门的每个人，我需要一个月的时间休整，然后再回来。"但她再也没回来。"在家里待了几天后，我很难过，一是因为我没有在工作，二是我发现了一个现实问题，那就是管理两个患糖尿病的孩子是一项七天24小时的工作，而且我需要去安慰罗伯特，好让他做该做的事。我们的生活发生了变化。"早在孩子们被诊断出患有糖尿病之前，罗伯特的创业公司就一直对糖尿病产品有所涉及，现在他的目标更明确了，用他的话说就是"开发产品来改善我的孩子们的生活"。

当罗伯特集中精力开发产品时，马拉就在托儿所、幼儿园、学前班、小学教室的外面等着，每半个小时就检查一次孩子的血糖水平。当夫妻二人可以负担聘请住家保姆时，她对保姆们进行培训和监督。"这变成了我每周7天的工作，我就像在经营一家小型公司。"她回忆道，"罗伯特和我继续讨论和糖尿病产品有关的一切，所以我们是真正的合作伙伴。"

马拉对年轻夫妻的忠告是：当夫妻中有一位在创业时，"必须有一个人扮演支持角色，好帮助创业者集中精力发展事业。在我们职业生涯的初期，我在蒙特利尔有稳定工作，我从不拖后腿，我是他的支持者"。事实证明，马拉这个"合伙人"做得非常好：大儿子科里目前在纽约的高盛工作，小儿子贾斯汀在南加利福尼亚州大学追求他的商业音乐梦想。当孩子们都独立自主后，马拉与罗伯特的合作进入了一个新的阶段。"我一直是他的投资伙伴，"她解释道,"现在我和他一起,以合伙人的身份出现在那些从事糖尿病产品的创业者面前,与其他潜在的投资者见面。以前我一直是他的支持者,现在是他帮我找到了新的激情。"

罗伯特帮助马拉把一个糖尿病治疗项目推广到全球。2015年秋,她加入了Beyond Type 1项目的领导委员会,这是一个以加利福尼亚州为基地的新的非营利项目,旨在帮助世界各地的糖尿病患者。"我们的目标是引导有关糖尿病的舆论,让人们意识到糖尿病患者每天需要面对的困难。"马拉解释道,她也在帮助这个项目实现商业化。2015年9月,马拉开始担任纪录片《人类的踪迹》(*The Human Trail*)的公共关系和社交媒体顾问,这是一部跟踪某家研发治疗糖尿病药物的公司的纪录片。

在谈完了奥林杰夫妇的故事后,让我们来看另一对比他们早一个世代的创业者夫妇——里克·根托(Rick Gornto,第7课)和他的妻子珍妮丝(Janice),他们已经结婚45年了。他们相遇的那一年,里克25岁,为了休养因为跳伞运动而受伤的脖子,他从就读的法学院休学了一段时间。在康复过程中,里克遇到了一个虔诚的基督徒并且决定要和他一样。里克成了教堂的常客,之后导师把侄女介绍给了里克。里克说:"25岁的时候,我遇到了两个J——耶稣(Jesus)和珍妮丝,这真让人难以置信。"[4]

"我们一切从零开始,"里克回忆道,"我的意思是,我们真的什么都没有。"但里克有自信,珍妮丝信任他,这就足够了。"我那时很天真,也很信任里克。"珍妮丝笑着回忆说。当年,20多岁的她刚从大学毕业，马上就结婚了，并且很快就成为一个母亲。"刚开始的时候并不是太顺利。"她承认。[5] 里克一开始很难在一份工作上做长久，最后他加入了休斯敦郊区的一家保险公司。当时珍妮丝怀上了他们的第二个孩子，全家都搬到了那里。"这有点疯狂，"珍妮丝承认，里克当时甚至没有固定收入，"他靠佣金维持收入。"

但里克很快就证明他是个天生的推销员，他的佣金收入与日俱增，由此也带来了对自己商业才能的自信。"里克是一个积极进取和自我激励的人。"这一点非常触动珍妮丝，因为她更加谨慎和喜欢分析，这一性格特质正好和里克互补，用以纠正他混乱和冲动的天性。"我总是让他保持在正轨上。"她说。里克作为一名才华横溢的保险推销员的名声传开了，他很快就成了镇上另一家保险公司的合伙人，并开始计划自己的下一步行动。珍妮丝考虑过回学校学习护士专业，但很快意识到这不可行，因为里克的工作太不可预测了。她解释道："像里克这样渴望经营自己业务的人，需要一个能全力支持自己的合伙人。他可能会在周一下班后打电话给我，说周五要一起飞去夏威夷参加一个非去不可的会议。于是我得马上找个保姆来照顾孩子们，然后我们周五就飞走了。如果我有自己的事业的话，我就不可能那样做了。"

回想起来，珍妮丝很难相信当年她是那么盲目。"如果我女儿跑来对我说：'我的丈夫想辞掉他的工作，接受一个只有佣金的工作，现在我怀孕了，然后我们要搬走了。'我会说：'你疯了吗？'"然后她笑道，"所以这个故事的寓意是，有时候你必须不成熟且愚蠢。"

换句话说，你必须非常、非常乐观，正如我们所指出的，这是成功创业者的一个基本特征。（请允许我快速补充一下，并不是所有创业者的婚姻都像亚伯拉罕夫妇、根托夫妇和奥林杰夫妇一样成功）。对珍妮丝来说，和创业者一起生活需要另一项能力："你必须学会适应。"她对自己的选择没有任何遗憾，并且会向任何寻求她建议的人推荐创业者的生活："你会过上令人兴奋的生活，"她说，"你会遇到很多人，去很多地方，生活对你来说永远不会乏味。"对此我非常赞同。

这让我想起了自己的好运气。就像里克和罗伯特一样，和我一起度过40多年婚姻生活的妻子卡特娅来自一个非常成功的房地产家族。如果我创业一败涂地，至少我不用担心孩子们会挨饿。就像马拉·奥林杰一样，卡特娅也从根本上理解创业者的生活，她的父亲就是一名创业者，曾经历过一些起起落落。

当我因为一项生意或者与工作相关的事情而不得不离开的时候，我的妻子会非常包容，比大多数其他人的妻子都要更包容，对此我永远心存感激。（当然，家庭生活中的重大事件永远比工作更重要。）

里克、罗伯特和我的婚姻模式都非常传统。我们的妻子扮演着至关重要的支持角色，承担着日常工作中的大部分工作。这个职业是没有报酬的，但它像经营企业一样累人。然而，这只是婚姻的一种方式，显然还有其他方式来建立家庭、婚姻和事业。琳达和马吉德是另一种伙伴关系的例子。

我以一句提醒来结束本课：一旦你选择了创业，你就应该对任何终生承诺三思而后行，避免与那些不准备支持的人结合。或者更糟糕的是，他们在情感和需求上将阻止你拥有灵活性去应对创业中不可避免的风暴。如果可能的话，去选择一个愿意在各个方面适应你的伴侣。

注释

1. Linda Abraham, interview (February 3, 2017).
2. Marla Oringer, interview (August 11, 2016).
3. Robert Oringer, interview (July 21, 2016).
4. Rick Gornto, interview (February 4, 2016).
5. Janice Gornto, interview (August 15, 2016).

02
THINK BIGGER

第二阶段

团队建设

虽然典型的美国创业者的形象是一位孤独的天才，他单枪匹马地把其他人认为疯狂的想法变成了现实，但是当你把一群创业者聚集在一起时，你很快就会发现，他们前进中的每一步都建立在其他人的才华和能力上——他们是值得信赖的顾问、合作伙伴、经理和员工。

第 9 课

找一位导师

把任意一群人按照取得的成就进行排序,你会发现:50% 的比较成功的人,他们的成功与从导师那里获得的经验有关。在创业者中,情况尤其如此。而另一半人对于为什么自己找不到合适的导师会有很多借口。来自芝加哥的约翰·布里奇(John Bridge)成功地利用导师的经验创办了四家企业,他说:"如果有一个正确的人给你建议,告诉你事情该怎么做,你能省去很多时间,少走很多弯路,少犯很多不必要的错误。"

我本人也受益于很多导师,从我 17 岁的第一份全职工作开始,我在职业生涯的每一个阶段都是如此。导师帮助我成为一名更优秀的创业者、投资者、经理,甚至成长为一个更好的人。导师这个词的含义是"一个有经验的向导",其来源于古希腊史诗《奥德赛》中的人物门特(Mentor),奥德修斯在离家参与特洛伊远征之前,把自己的独子和王国交付给他年长而睿智的好友门特代为照料。

根据你的需要,导师可以扮演不同的角色:

- **智慧的长者**——愿意分享自己成功的经验给年轻人。
- **热心的老师**——愿意把特定的知识技能传授给新手、同事,甚至领导(比如教会自己的上级使用新科技工具)。
- **慷慨的同辈**——帮助同事或朋友学习技能、获取信息、介绍人脉,以及分享过去犯错的经验。
- **人生的教练**——愿意(或被培训过)在个人目标、职业道路、家庭事务上向他人提供建议(关于职业、商业和退休计划等)。
- **好的倾听者**——有时候,当一个人面对挑战时,他需要一个值得信赖的导师,倾听他的意见,并探索解决方案。与独处相比,当和你信任的人谈论你内心深处的忧虑或困惑时,你往往更能找到其他选择和解决方案。这也是精神分析有用的原因,即使分析师只是在倾听病人的倾诉。

当我在20世纪80年代初策划我的第一个房地产开发项目时,我知道我对一切可能的帮助如饥似渴。

我在大学毕业后曾经努力工作了几年,但是没有独自做过任何生意,更别提面对一栋世界上曾经最大的建筑物了(1943年被五角大楼取代）。滨海港终点站建于1929年，是宾夕法尼亚铁路公司建造的货运和仓储设施，曾经是其美国东北部的配送中心，可以同时容纳4艘轮船、78个火车车皮，以及128辆货运卡车。当我第一眼见到它时，觉得自己仿佛走进了马龙·白兰度的著名电影《码头风云》，这个故事发生在霍博肯市，沿哈德逊河往北1英里[⊖]的地方。霍博肯市在新泽西州，位于泽西市北部。

在对我持怀疑态度的人中有我的岳父，他当时和他的兄弟共同拥有这栋建筑。他们来自真正的地产王国，控制着纽约市中心许多房地产，其中包括滨海港终点站这样的建筑"巨兽"。在这栋建筑里有许多租客，储存了很多不同的货物——工业品（包括印刷机器）、消费品（包括摩托车、计算机）、大宗商品（包括咖啡、香料和可可豆）。我的岳父和他的兄弟的生意经就是购买社区中的破旧工业建筑作为仓库来出租，直到几十年后社区不再需要它们。他们并不做开发商生意，而是会把已经增值的房产高价卖给其他开发商。

当听到我对滨海港终点站的看法时，他们看到的全都是参与开发不好的方面。这门生意需要一个更复杂的公司组织架构，还需要把极为重要的决策权交给下面的员工（比如说我）。但这一切不是他们想要的。

我渴望用成功来证明他们和其他怀疑的人是错的。正如我后来开玩笑时说的，当时那是我最后一次可以豁出一切去冒险的机会。

⊖ 1英里=1609.344米。

然而，如何推进这个项目却是个难题。我已经尽我所能地把这个想法完善了，接下来我需要一个能帮我筹到足够的钱的合作伙伴。但是一个24岁的毛头小伙子到哪里去找到这样的搭档呢？我完全不知道。

不久，幸运女神眷顾了我。我和妻子同一位房地产专家吃了一顿商务晚餐。他曾为一个加利福尼亚的项目做过顾问，而我在高盛时，曾在这个项目上工作过。我曾在加利福尼亚联系过他，谈了我的想法，而这次他来到了纽约。在这次晚餐后的第二天，他碰巧见了一个老朋友戴维·弗罗默——他在国外工作了十年，刚刚和家人回到美国。我这个前同事告诉戴维："我介绍你去见一个年轻人，他有一个好点子。"两天后，戴维走进了我的办公室，我给他看了酝酿了一年的计划方案。这个大到让其他人望而却步的计划似乎让戴维很兴奋。在花了几个小时讨论细节后，他说："让我们开始吧。"就这样，我有了一个合作伙伴。

我们绝对是一对非常奇怪的搭档。我在高盛工作了一年，其中一部分时间待在房地产部门。而戴维花了30年的时间在洛杉矶、伦敦和沙特阿拉伯经营房地产生意。越南战争结束的时候，我刚高中毕业，而戴维已经参加了二战并获得了三枚紫心勋章和一枚铜星勋章。

我很激动能和这样一位曾经在世界各地闯荡的老手合作，他让我开阔了眼界。在经历了18个月的起起落落和几次失败之后，我们筹集了收购滨海港终点站所需的2500万美元，我们各自持有

50%的股份，共同实施这一美国历史上最大的改造项目。

今天，从哈德逊河对岸的曼哈顿市中心向西望去，到处都是高楼大厦，但当我们在1982年开始改造滨海港终点站的时候，哈德逊河泽西市一侧一座在建的高楼都没有。

在完成了第一个上百万平方英尺的改建之后，我们卖掉了滨海港金融中心。州长的滨海港开发办公室在《纽约时报》上指出，我们的项目"有助于激发人们对哈德逊河沿岸所有开发项目的兴趣"。[1]这些项目从泽西市北一直到乔治·华盛顿大桥（George Washington Bridge）附近的李堡（Fort Lee）。

感谢戴维这样一位合格的导师，我学到了很多关于房地产开发、新泽西政治生态和生活其他方面的知识。如果没有他，我可能耗尽一生也没法获得这么多。

戴维用一种简洁的方式构建洞察力。例如：没有好的和坏的房产，只有好的和坏的交易。无论一栋房产在客观条件上有多么糟糕，只要你能以足够低的价格买下它，它就是一笔很好的交易。相反（或许更重要的是），无论一栋房产多么让人印象深刻，只要你付了高价买下它，你就降低了盈利，甚至会使这笔交易变成一桩赔钱的买卖。这些类似于永远不要支付过高价格的经验的价值，往往被人们所低估。

在我们卖掉滨海港金融中心之后，戴维和我各自独立做其他生意，但我们经常投资于对方的生意。在接下来的25年里，直到

2010年戴维在86岁时去世，他一直是我最好的朋友，扮演了亦父亦兄的角色（虽然我有血缘上的父亲和兄弟），亦是我最重要的导师。戴维有着商业界罕见的谦逊态度和同理心。每当我遇到困难打电话给他时，他总会说："我能帮上什么忙吗？"知道他站在我这边，让我感到无穷无尽的安心。

对戴维的回忆让我想起另一种对导师的定义：即使在他故去后，他的金玉良言依然会时时回响在你的脑海中。我经常能回想起在与戴维30年的交往里他给我的许多明智建议。我与戴维和其他导师的交往经历让我坚信：在第一份工作中，拥有一个好导师远比高薪和好的头衔重要。钱会被花掉并被遗忘，但如果你足够幸运的话，导师的建议会永远存在于你的脑海中。

那怎样去找到一位导师呢？有无数种方法，但"千里之行，始于足下"，第一步就是开始去寻找，就像一句俗话说的："当学生准备好了，老师就来了。"

注释

1. "Jersey Waterfront Project Sold for $120 Million," *New York Times* (November 28, 1986).

THINK BIGGER

第 10 课

如何找到好导师

我问过一些懂得寻求导师帮助的创业者，他们大多数都是以非常老派的方式找到自己的导师的——简单地去询问并请求。芝加哥的创业者约翰·布里奇建议说："世界上有很多乐于助人的人，他们也曾从导师那里受益。你只需要向他们请教就行了。"[1]

你应该学习年轻时的约翰·布里奇，充满雄心壮志和精力。在离开美国空军后，约翰在一所地方大学学习商科。当他的同学整天忙于考试以期未来获得有保障的工作时，约翰早已懂得：根本不存在所谓的有保障的工作。他的父亲在一家公司工作了28年，直到有一天老板决定卖掉这家公司。"我父亲失业了，但他还有五个嗷嗷待哺的孩子。"

约翰在大学一直试图寻找一个可以让自己快速发展个人事业的领域。一天，一位客座讲师出现在他的房地产课上谈论房产税留置权，约翰之前对此一无所知。这位讲师名叫巴雷特·罗克曼（Barrett Rochman），是一位当地的房地产创业者。他向同学们解释说，市政当局和国家依赖于房产税来支撑公共服务和支付政府雇员的工资。如果房屋或企业的拥有者不交税，当地政府将获得此房产的留置权；如果这些税停止缴纳了一段时间，此房产的留置权就可以被拍卖给任何愿意为此房产交税的私人投资者。拍卖的规则是：私人投资者约定房产原拥有者将来赎回留置权所需付的利息（通常是8%～10%），利息最低者赢得拍卖。投资房产税留置权通常是一种相当安全的投资，因为大多数房产拥有者在罚息超过房产价值之前会赎回留置权，否则他们会失去房产。

约翰觉得这非常有趣，于是在一张纸上做了一些计算，课后他向讲师提出了一个建议："这个生意模式看起来很棒。如果我想在伊利诺伊州北部从事这项生意，您愿意和我合作吗？"罗克曼对这位学生毫无保留的态度印象深刻，他告诫约翰必须非常认真地对待税务业务，学习当地的法律程序和所有的房地产业务，以确保他所投资的房产有足够的售卖价值。罗克曼最后还用更现实的问题试图打消这个孩子的积极性：要想成为伊利诺伊州北部该领域的"玩家"，需要筹集约7000万美元的资本。约翰并没有退缩。"作为一个天真的大学生，我认为我可以很快筹到钱。"

当然，约翰最终没能筹到钱。但在毕业后，由于没有其他更好的工作机会,约翰请求师从罗克曼学习房地产生意。在接下来的两年里,他尽可能多地学习相关知识,涉及伊利诺伊州的房地产、税收留置权、治安官的拍卖业务等,同时不断参加当地的房产税留置权拍卖会,寻找交易机会。

在一次拍卖会上,约翰和一位60岁出头的老人交谈,老人说他在一家当地的房产税留置权公司投资了15万美元,而这家公司似乎运营得不怎么样。约翰和这位叫乔·索马里奥(Joe Somario)的老人友好地交谈起来,他主动提出帮索马里奥把钱要回来,并且最终成功了。"我从来没想过向他收取费用。"约翰说。他认为他的新朋友只是一个小投资者,然而索马里奥是一位成功的创业者,身价数百万。他成了约翰的第二位导师。

在接下来的五年里,约翰与他的导师一起每周工作7天,致力于用一种新的计算方法来开展房产税留置权的生意,同时,他开始学习如何筹得资本。约翰回忆道:"是的,我刚开始工作,但我背后有两位导师20年的经验可以借鉴,他们会说,也许你不该这么做,你该那样做。他们让我避免在错误的决策上浪费大量时间。"反过来,约翰开始帮助他不太懂计算机的导师们建立了全州范围内的持续更新的房产税数据库,帮助他们更好地预测欠税房产的投资收益率,从而在投标时胜过竞争对手。

约翰在生意上唯一欠缺的是资本。1993年的一天,索马里奥告诉他自己读到一篇报道,"某位佛罗里达商人陷入了和你完全相反的困境",他有充足的资本,却愁于如何利用。这位叫理查德·海特迈尔（Richard Heitmeyer）的54岁创业者已经说服了华尔街投资银行雷曼兄弟，他可以通过购买房产税留置权来创办一家价值数十亿美元的公司。他希望和投资者一起创办一个全国性公司，打破目前主要由当地运营商主导的市场。雷曼兄弟承诺给他投资10亿美元。

索马里奥给他年轻的门徒买了一张去佛罗里达的机票。约翰向海特迈尔介绍了自己在伊利诺伊州的生意。"两个小时后，我带着一份协议离开了，我负责海特迈尔在伊利诺伊州的生意，并且获得了1亿美元的资金。我知道这听起来很疯狂，但这真的发生了。"约翰笑着回忆道。

一年后，约翰和索马里奥登上了《芝加哥太阳报》的头版头条，因为他们做成了当年美国最大的一单房产税留置权业务，价值整整720万美元。那天正好是约翰30岁的生日。利用华尔街的资本，约翰给美国房产税留置权业务带来了革命性变化。这对约翰来说是一件非常了不起的事情，他高中时代的老师曾经断言他除了蓝领工作什么都做不成。

约翰现在是一位成功的创业者，他在继续从事房产税留置权业务的同时，开辟了两项新业务：无线电广播行业的技术突破和营销突破。这有点冒险，因为在此之前，约翰与无线电广播行业的唯一接触就是坐在车里听收音机。他是怎么进入这一行当的呢？还是因为一位合适的导师。约翰的新导师是一位曾经买卖过数百家电台的创业者。"我学到了很多关于地面广播的知识，比我想象的还要多。"他笑着说。现在，当约翰空闲下来的时候，他也会指导他同事的孩子有关房地产税法和生意的知识。

注释

1. John Bridge, interview (July 8, 2015).

THINK BIGGER

第 11 课

✧

好的合伙人让你受益无穷

我很幸运地找到了一位好的合伙人,他不仅帮助我实现了我的愿景,同时也是一位导师,教了许多让我受益无穷的道理。我认识的许多成功创业者都把伙伴关系视作一种战略工具——既帮助推动了生意,也最大限度地发挥了自己的潜力。

我认识罗恩·布鲁德(Ron Bruder)有十多年了。多年来,我对他成功地管理了自己的事业感到钦佩。如果问他关于成功的秘密,他说的第一件事就是伙伴关系的价值。

让我们先看看与罗恩成长有关的故事。罗恩出生在一个位于布鲁克林的贫困家庭。他回忆说:"我的父母给了我一个信念,那就是我可以得到任何我想要的东西。"[1] 17 岁的时候,他尝试着去售卖百科全书并且成功盈利。他雇用全职妈妈在家里打电话销售，并让他们的孩子往门缝里塞传单来做生意。在大学里，罗恩获得了奖学金，资助他完成了物理和经济学的课程，后来他又读了一个MBA学位。罗恩曾经接管了新泽西州克利夫顿的一家旅行社，他利用美国航空公司的Sabre系统，在几个月内就大大增加了营业额。人们很难想象罗恩的思想在他的时代有多么超前。Sabre系统是历史上第一个计算机化的航空预订系统，它出现在20世纪70年代中期，距离互联网时代还有20年。实际上，整个Sabra系统当时只能运行在一台计算机上，旅行社需要打电话进入操作中心进行操作。直到1976年，Sabre系统第一次与130多家旅行社进行了联网。罗恩以超凡的远见和魄力，让他的旅行社成为第一批同这个将彻底改变整个旅游行业的工具联网的旅行社之一。作为行业先锋，罗恩的旅行社获得了巨大的商业成功。

1977年，罗恩卖掉了旅行社，创立了一家名叫Brookhill的房地产公司（公司名称暗示着他是从布鲁克林起家的），专注于把百货公司改建为工业地产和写字楼的生意。到了90年代，Brookhill又开发出一个小众市场——市区重建项目（这些项目通常需要治理环境污染），并且成了主要"玩家"。罗恩在美国22个州有生意，年营业额达7.5亿美元。

除此之外，罗恩还创办了一家医疗技术公司和一家石油天然气公司。自2006年起，罗恩开始全身心创建"就业教育"（EFE），这是一家国际化的基金会，专注于帮助中东和北非的年轻人获得就业机会。

是什么帮助罗恩从布鲁克林崛起，创立一系列不同的企业，并最后成为慈善家的呢？罗恩回答说："答案是良好的合作伙伴关系。与其和一个坏的合伙人做好的生意，我宁愿和好的合伙人做不那么好的生意。"

在创办 Brookhill 的时候，罗恩借助了很多不同的合作伙伴的帮助，实现了很多自己原本不可能实现的成就。当面对一些存在潜在环境污染风险的地产时，很多投资者都会知难而退，但罗恩想出了一个巧妙的策略，帮助他将这些不良地产转化为黄金地产。首先，他与一家世界级的环境工程公司（即 Dames & Moore）合作，帮助他清理轻污染工业用地。然后，他找到了一家大型保险公司承保一种名为"环境险"的新产品，该保险可以为之前那些受污染的房产的购买者抵御未来潜在的污染风险。最后，他与瑞士信贷（Credit Suisse）合作，后者帮助他发债，以便将投资风险分散给债务的买家。

在30多年的职业生涯中，罗恩曾经遇到过差劲的合伙人。"一个家伙骗走了我350万美元。"他告诉我。他总结说，一个好的合伙人身上有三种特质：

1. 他们言出必行；
2. 他们有良好的信守承诺的历史纪录；
3. 他们和你有同样的价值观和愿景。

在中东营运基金会的时候，罗恩说："我们花了很多时间寻找合伙人，做了很多背调工作。"

在另一个例子里，创业者杰夫·舍克（Jeff Scheck）也相信合作伙伴的力量。不同的是，他的家族企业并没有寻找合作伙伴，而是主动创造出了合作伙伴。

1956 年，杰夫的祖父塞缪尔在纽约锡拉丘兹（Syracuse）买下了一家造纸厂，并把它搬到了古巴。三年后，一个与他在价值观和愿景上都不同的人彻底摧毁了他的生意。"1959 年，卡斯特罗把我家在古巴的造纸厂国有化了。"杰夫说，"我们逃回了迈阿密。"[2]

背负着对佐治亚太平洋公司（Georgia Pacific）超过 50 万美元的欠款，杰夫的祖父想出了一个计划，他说服佐治亚太平洋公司让他作为经销商承销一些原材料和产品，并通过承销中的现金流来偿还债务。这就是甜纸公司（Sweet Paper）的起源。在接下来的 50 年里，它成了美国最大的纸张、食品和商业清洁卫生产品的批发商之一。在杰夫的父亲迈克尔接手家族生意后，杰夫和他的兄弟担任了公司的创新副总裁，他们在新领域拓展生意，涉足酒店、写字楼以及餐馆。2005 年，一家主要的清洁卫生产品公司并购了甜纸公司，以增加其在食品服务行业的业务。该公司拥有 450 名员工，有遍布全国的 10 个配送中心，年营业额超过 2.5 亿美元。

根据杰夫的说法，甜纸公司的成功哲学在于培养合作方的伙伴精神。"我们总是把供应商、客户和员工当作家人对待。当有问题出现时，我们一起克服它；在我们做出承诺后，我们一起实现它。"

杰夫和他的兄弟马蒂（Marty）曾经劝说他们的父亲分享一部分盈利给业务经理们。"父亲虽然对这个主意持怀疑态度，但还是同意了。一年后的结果打消了他的疑虑,那些备受鼓舞的经理在一年内把销售额提高了近100万美元。"杰夫笑着回忆说。杰夫读宾夕法尼亚大学沃顿商学院所花的钱,和马蒂读哥伦比亚大学以及迈阿密大学商学院所花的钱,被证明是值得的。"我们一直在寻找好的雇员,并与他们分享盈利。这就相当于在企业内部鼓励人们创业。"

对于杰夫来说,这种成功的合作策略也是舍克家族核心价值的一部分。"以我们渴望被对待的方式对待他人。"这听上去是另一个用以寻找好的合伙人的方法。

注释

1. Ron Bruder, interview (December 2012).
2. Jeff Scheck, interview (September 3, 2015).

THINK
BIGGER

第 12 课

友善对待员工

我们经常会发现必须在做好人和做恶人之间做出选择。你可能会说:"生意已经非常艰难了,却依然有员工在浑水摸鱼,我都想解雇他们,你还指望我去做好人?"

请听我说,25 年来我一直在苦苦经营一家公司,承受了上千万美元的损失。面对员工们糟糕的业绩,我常常感到沮丧和怨恨。坦率地说,我并不是一个很好说话的人,我时常觉得自己比员工更关心他们的工作。回想起来,我的恼怒可能恰恰来自我管理能力上的瓶颈。

由于人们普遍信奉"好人会沦为最后一名"的哲学,在真人秀节目（比如《学徒》㊀中，公司的经营者都必须展现出独裁、强硬和无情的一面，这样你才能主宰市场。然而我认识的大多数创业者却在他们的职业生涯中展现了另一种哲学，就是重视如今管理学大师所说的社交技能。"如果你的员工感到快乐，你就会惊奇地看到他们尽全力帮助你实现目标。"皮特说。[1]

1999年，皮特和他的三个兄弟创建了一家校车公司，在经营了一段时间之后，他们把公司卖给了一家更大的公共事业公司。在那之后，皮特继续工作了六年，升职为校车部门的销售与市场资深副总裁。然而突然有一天，皮特发现他每年长达190天的出差生活影响了自己的家庭生活，把自己变成了孩子们的陌生人。

再联想到校车司机们的生活，皮特决定做一些大胆的从上到下的变革。"司机们每天早早起床，启动冰冷的校车，然后一天两次走着固定的路线，一路和熊孩子们打交道。"皮特说，"我们为什么不能把校车变成一个有趣的工作场所呢？"

这个决定让他的公司变得更富竞争力。他们给司机们配备了统一的衬衫和夹克，准备了一辆移动餐车每天准时出现在停车场给司机们提供午餐，并且在夏天额外提供冰激凌。这所有的福利开销是其他公司的30倍。"我们可以承担这一切，"他说，"因为相比竞争对手，我们的事故率很低，由此支出的工人赔偿也少得多。我们创造了一种氛围，让我们的员工重视自己的工作，在工作中加倍投入，比如右转的时候看两次镜子，避免撞到路边停着的汽车。"另

㊀ 《学徒》(The Apprentice) 是美国一档职场创业型真人秀。

外，一个不开心的员工可能会因为扭伤脚踝向公司申请赔偿，而一个开心的员工可能就不会在意这件小事。

与此同时，这些措施也带来了越来越多快乐的客户。三年内，该公司在学校和残疾人服务领域拿下了几张大单，其中包括辛辛那提公立学校的合同。到 2012 年，皮特的公司在遍布 10 个州的 72 个地点拥有 4000 辆汽车和 4167 名雇员，年销售额超过 1.8 亿美元，并且引起了一家渴望扩大北美业务的国际运输公司的兴趣。

一些大公司也开始学习如何变得友善。2011 年，谷歌开启了一项内部调查，询问员工最看重管理人员身上的哪些特质。结果与他们的假设大为不同，员工并不特别看重管理人员的技术能力，而是希望管理人员能更多地与自己做一对一的交流，愿意帮助他们解决工作和生活中的各种问题。

简而言之，谷歌员工看重的素质就是友善。一项 2015 年的研究表明，自 1980 年以来全美收入增长最快的领域来自那些需要更高自我认知和社交能力的职业，这些职业也更不容易被机器和计算机取代。哈佛大学研究生院的教授戴维·戴明（David Deming）表示："那种处在与世隔绝的环境里凭借着解决定量问题就能获得高薪的时代结束了。企业欣赏的不是那种只具有书本智慧的人，而是情商高、说服能力强并能和同事良好互动的员工。"[2]

那种激励皮特·塞特尔手下蓝领司机的要素也同样对谷歌的精英们适用。谷歌的首席人力官说："在谷歌，最优秀的一批经理的团队工作表现更好，更能留住优秀员工，团队成员也更开心。"[3] 对于谷歌来说，友善就是最好的。

皮特把他的经验带到了投资经理这一新职业中，他把员工的忠诚度列入最优先的环节。他说："最近，我想买下我朋友的一家公司，那家公司的员工忠诚度难以想象地好。"然而，带着钱来的热情的投资者太多了，皮特不一定有机会买下他幸运的朋友的公司。

下次，当你想知道你的店里出了什么差错，或者如何才能使你最好的人发挥出最好的一面时，请记住这一课：深呼吸，尝试做个友善的人。这是提高团队绩效的重要开端。

注释

1. Pete Settle, interview (June 15, 2015).
2. Nicole Torres, "Research: Technology Is Only Making Social Skills More Important," *Harvard Business Review* (August 26, 2015).
3. Adam Bryant, "Google's Quest to Build a Better Boss," *New York Times* (March 12, 2011).

THINK
BIGGER

第 13 课

✧

用人所长，同时接受他的缺点

在把滨海港终点站改造成滨海港金融中心的过程中，我的合伙人戴维·弗罗默和我搭建了一个约 100 人的团队，同时每天还有数千人在滨海港金融中心为我们的租户工作。为了一个大工程，你必须雇用很多人并为此承担风险。今天我可以坦言人事管理并不是我的强项，但那时我却自我感觉良好，或者至少知道该怎么进行管理，毕竟我有管理学的硕士学位。

幸运的是，戴维是一个懂行的人（至少比我懂得多）。当戴维看到我为一两个表现差劲的员工焦急的时候，他送了我一句精辟的格言："因为优点而雇用某个人，同时就要接受他的缺点。"

所有管理者都知道，当你为某件事情感到不安时，你很难再去考虑其他事情。但戴维不断在我耳边重复这句话并点醒了我。当某位员工再次激怒我的时候，我得以从情绪里退一步出来思考并问自己："这个人身上有什么优点？为什么当初我们会雇用他？"于是我得以调整我的视角，关注这个人的贡献和长处。

也许曾经我期待员工能达成在她的专长之外的目标，但或许某个任务不符合她的个性。比如，某个擅长与人打交道的销售人员，却做不好年度报告的 PPT 汇报材料。又或许，一个总是表现得很冷静的经理，实际上却有强烈的内在情感。

有时候你会情不自禁地给一些最优秀的员工更大的职责和任务，但这通常超出了这些年轻经理们的期待和能力——很少有人能做到完美。我认识的许多创业者都是在自我反省的时候学到这一课的，比如我自己。我花了很多年才承认，虽然我的管理水平随着经验而增长，但是这依然不是我的强项。另一位创业者皮特·塞特尔几乎花了全部的职业生涯才意识到，他是个管理上的门外汉。他善于与客户打交道来获取生意，但当被困在办公桌后面处理行政事务时，他总是不开心。"我们都有自己的弱点，"他说，"如果我想获得你的帮助，我就需要调整我的风格以适应你。"[1]

考虑这个问题能够帮助我们缓解自己的沮丧情绪并改善和员工的关系。只要某个员工好的方面盖过不好的方面，我就会妥协，否则我就会替换掉那个员工或者把他调到一个更适合他的工作岗位上。不过当然，如果员工的行为会将公司置于危险之中，那我别无选择，只能换掉他。先考虑怎么做对公司是对的，再考虑怎么做对员工是合适的，而不是反过来。如果有必要换掉某人，可以通过其他措施来帮助这个人度过过渡期。

我经常看到一些公司的管理者陷入一个棘手的人事决策中，失去了做正确事情的勇气。一名持续失败的员工会拖累整个团队，所有人都会受到不必要的伤害，有时整个公司都会或多或少为此付出代价。

受益于洞察发现○（Insight Discovery）测试体系，皮特的经理和员工能够更好地了解自己的个性优势和弱点，从而制定出更好的团队合作策略。这个体系基于著名心理学家卡尔·荣格的心理类型，提出了50个问题，旨在揭示四种主要的人格特征，它们的代表颜色为：炽热的红色（高能量的外向者，直接的、权威的）、大地的绿色（以价值为导向，渴望被依赖）、阳光的黄色（容光焕发，友好的、积极的）以及冷静的蓝色（内向的、思考的、精确的）。一份20页的个性报告可以揭示被测试者的优势和弱点、沟通方式，以及能带给团队的价值。

这帮助皮特更好地从与员工相处中获益。例如，皮特自己的个性颜色是炽热的红色。这并不令人惊讶，因为皮特的沟通方式总是"尽量短一些，讲到点子上"。聪明的管理者可以利用员工的不同个性来组建团队，进而扬长避短。从此以后，皮特开始尝试调整会议的模式以适应房间里其他人的沟通方式。他解释说："绿色个

○ Insight Discovery 国内有称"四色性格测试"的。

性的人喜欢在会议正式开始前聊如自己的女儿在高中表现如何的话题。而蓝色思考型个性的人是沟通时真正的挑战，我们过去常就此开玩笑。"

另一个常用的工具是麦尔斯-布瑞格斯性格类型指标（Myers-Briggs，MBTI），它也基于荣格的理论。此外，还有其他关于个性、智慧和包容性的测试工具。即使不借助任何正式的工具，仅仅意识到每个人的个性、优势和弱点都不同，也会使你成为一个更好的管理者。这能够帮助你打造拥有不同个性人才的高绩效团队。了解什么样的成员组合能够增强或削弱团队的合作能力，将会让你的管理更加省心。

有经验、成功的管理者们有以下共识："管理者必须充分发挥员工的能力并打造一个优秀的团队。"要做到这一点，你必须充分理解每个人的优点（为什么你会雇用他们），并组建一个多样化的团队让他们能发光发热。

注释

1. Pete Settle, interview (June 30, 2015).

THINK BIGGER

第 14 课

让自己被聪明人环绕

我认识的大多数成功创业者（包括我自己）都倾向于高估自己的能力和智慧，所以与一群类似的人月复一月、年复一年会面的最大好处之一是：学习你所不知道的东西。

很多时候，创业者都只是一两件事上的专家，但对其他事情并不在行，而创建和发展一家公司需要非常广泛的技能。无视自身缺陷并不加以弥补的创业者的失败率会额外地高。一些人吃了亏才学到这一课，另一些人则比较幸运，在开始创建公司的时候就意识到了自己的弱点，决定招聘一些聪明人来弥补自己的不足。

以皮特·塞特尔的经历来说，他不是很享受公司的管理工作。"每个人在某种程度上都是有缺点的，"他说，"我发现自己的缺点很多,于是找了很多人来帮我。"[1]皮特最初自己管理家族校车公司,当公司被卖给一家上市公司后,他成为这家公司的高管。最后,当他开始创业时,他马上雇用了自己的兄长迈克作为公司的首席运营官。

"我们有非常互补的特质,我能够在客户那儿拿下订单并承诺能为他们做些什么,而迈克能够让我们实现对客户的承诺。"2012年,皮特把公司卖给了国家快递集团,这是一家英国跨国公司,目前是北美排名第二的校车服务公司。皮特成了这家公司的北美区CEO,但最终他厌倦了那些行政责任并离职了。而迈克留下来继续工作,目前是该公司在俄亥俄州、宾夕法尼亚州和密歇根州的高级副总裁。

一些人起初从事不同的职业,渐渐地他们会发现自己作为创业者的天赋。以我的老朋友理查德·布洛克(Richard Block)为例,他20世纪60年代初从大学毕业,加入了位列《财富》500强的纸业公司维实伟克(Westvaco)工作。1967年,理查德被派往芝加哥,成为公司历史上最年轻的销售经理。[2]1970年,在回到纽约之前的几个月里,理查德听说一家小印刷公司即将收购他最大的客户。作为一名积极主动的销售,他去拜访了这家小公司,看看背后有什么故事。

理查德约见了那家公司的成本估算员唐·科斯特尔卡(Don Kosterka),两人成了朋友。唐在印刷行业多年,但不喜欢公司的发展方向。在后来的几次碰面中,他向理查德介绍了他打算创办的公司，该公司将不仅印刷唱片夹，还会设计唱片夹。他还向理查德介绍了他的秘密武器：吉姆·拉德维希（Jim Ladwig），一位获得过格莱美提名的艺术总监，当时他在水星唱片公司。过了不久，唐和吉姆都辞掉了工作，创办了唱片影像公司（Album Graphics Inc.）。

六个月后，理查德回到了纽约，开始了他在大公司工作的下一个阶段，但这份工作开始失去吸引力。

回到芝加哥，唐和吉姆开始运作他们的新公司，他们准备招聘一位销售合伙人。他们有一位潜在合伙人，此人曾经和安迪·沃霍尔（Andy Warhol）以及滚石乐队（Roll Stones）合作制作了《小偷小摸》（Sticky Fingers），这张专辑立刻就成了热卖品，因为专辑封面在一条牛仔裤的照片上放上了一条真正的拉链。这位准合伙人向唐和吉姆索取公司一半的股权作为加入的条件。（就像你听说的那种说法：多头能赚钱，空头能赚钱，但猪头永远被宰。）

"唐是制造业天才，吉姆是创造性天才。"理查德说。理查德在大学的主要成就是在橄榄球场上取得的，唐和吉姆需要一个雄心勃勃的年轻推销员，而理查德正是这样的人。并且，理查德只要15%的股份作为加入的条件。当时，唱片设计行业刚刚开始发展，他们首先和宝丽金唱片公司建立了合作，接着与几乎所有主要唱片公司都有了业务往来。理查德住在纽约，另外两位合伙人住在芝加哥。"我们每天都通过电话交流，"理查德说，"我们之间配合得非常完美，我从来没有过这样的体验。"

"以前没有任何一家打印服务商能提供这么高质量的设计，这完全是商业上的突破。"理查德继续说，"销量最好的艺术家希望能掌控自己的唱片设计，所以他们直接找到我们。"三个合伙人度过了一段最好的时光。"英国入侵"㊀与1969年伍德斯托克音乐节把流行乐行业带入了下一个时代，吉姆稳健的创意和设计充分迎合了最热卖乐队的审美品位。

在度过了令人兴奋的第17个年头后，唐和吉姆认为公司的发展已经遇到了天花板，所以他们打算把公司卖掉。但理查德不同意，他借助私人股本和银行贷款买下了整个公司。唐卖掉了手里90%的股份，吉姆卖掉了全部，但三人还是保持着密切的联系。理查德继续留在纽约，每周出差三天到芝加哥管理公司，而吉姆继续留在公司担任首席设计师。在接下来的13年里，吉姆和他的团队又获得了一系列格莱美提名和奖项。

维持增长总会挑战重重。大多数主流艺术家在秋天发行专辑，这意味着在一年中的前八个月，理查德的印刷厂利用率严重不足。作为一名聪明的创业者，理查德把这个问题看作一个机会。为了利用空闲产能，他在年初的几个月为一些周期性不同的产品服务：为白酒和化妆品公司（如雅芳、欧莱雅和雅诗兰黛等）印刷高质量的包装。公司后来更名为AGI公司，下辖17家印刷厂（许多印刷厂毗邻主要的客户）。做到这一切并不容易，因为你需要打动的头部客户来自不同的行业。比如，AGI花了一年时间才进入了雅芳的采购目录，当时共有九家供应商，而七年后，AGI成了雅芳的独家供应商。

㊀ 指20世纪60年代中期英国摇滚乐队纷纷登陆美国并且彻底改变流行乐和摇滚乐历史的事件。——译者注

在理查德的领导下，公司的销售额从 1987 年的 3500 万美元猛增到 2000 年的 3.25 亿美元，其间他拒绝了美国最大的纸业公司的收购提议。"我太爱这家公司了，我不想失去它。"理查德说。但最终，股东和持股员工们坐不住了，理查德在他们的鼓动下，最终同意把公司卖给了维实伟克，那家理查德曾经在 20 世纪 60 年代服务过的纸业公司。

理查德是个感性的人。在卖掉公司的那一天，他感慨曾经的合伙人唐和吉姆没有守候到这一刻。但好在唐最后剩下的 10% 股份的价值比他曾经在 1987 年卖掉的 90% 还值钱。

虽然唐和吉姆中途几乎完全卖掉了公司的股份，但理查德还是给予了他最初的伙伴们以很大的赞扬。"这一切曾经对我而言是不可触及的，"理查德强调，"我相信神奇的力量在我们三个人最初的默契配合中就产生了。即使在他们退出后，这种力量依然在为公司服务，刻进了我们的 DNA。假如当年我没有大胆地决定拜访那家收购我的客户的小印刷公司，我就不会成为这个故事的一部分。"

这种神奇的故事经常发生在创业者身上，因为他们愿意被那些比他们聪明的人或拥有他们不具备的技能的人环绕。

注释

1. Pete Settle, interview (June 15, 2015).
2. Richard Block, interview (December 11, 2012).

THINK
BIGGER

第 15 课

多样化使你更聪明

许多成员加入 Tiger 21 是因为他们需要一个安全的场所来探讨下一步行动计划。当他们被同一阶层、类似背景的同辈环绕,探讨某一项行动的利弊时,每个人都非常享受。他们也迫切想知道别人是如何面对失败和成功的,是如何熬过一生中各种挑战的。最后我们发现,讨论中最让人受益匪浅的不是那些与你有太多相同之处的人,而是那些与你的背景完全不同、有着完全不同商业经历的人。

虽然近年来"多样化"这个词已经被滥用到几近成为一个空洞的政治正确的词汇,但真正的多样化仍然相当重要,几十年来不断被心理学家、组织学专家和管理大师们所验证。

Tiger 21 有着显著的多样性。我们的成员有拉美裔、非洲裔美国人、东亚人和南亚人，有各种政治背景的人，有信仰各种宗教的人和无宗教信仰的人。

虽然起初成员里的男性数量远超过女性，但随着成功女创业者数量的增加，有越来越多的女性创业者加入我们的组织，原因和男性成员一致：从同辈身上学习如何累积财富、处理遗产，与同辈分享观点并获得无保留、无偏见的反馈。

这种多样性已经在我们的组织里显示出了巨大的威力。我记得在一次会议上，某位男性成员分享了他与自己的亲兄弟之间的矛盾以及他的计划：如何与兄弟摊牌并解除合伙关系。这时候，在场的男性成员纷纷开始教他如何解除合伙关系，直到房间里的女性成员开始发表不同的意见。一位女性成员发言道："等一下！他是你的亲兄弟，你的家人。难道没有什么办法可以修复你们之间的关系吗？"突然之间，谈话方向变了。用一位男性成员的话来说："今天那个房间里肯定有一种不同的能量。"

女性比男性更容易对他人感同身受，在社交和商务场合也更彬彬有礼。1982 年，心理学家卡罗尔·吉利根（Carol Gilligan）发表的一份畅销的研究报告指出，女性从小就"用不同的声音"对待道德责任。[1] 这种声音更关注他人，更多地在女性身上显现出来。这是人类共有的声音的一个组成部分，但往往被人们忽视。吉利根观察到，由于女性更能够利用这种共同的价值观和情感，这通常会被误解或被误认为是"女性的声音"。但吉利根认为这是一个人类共有的特质，只是在女性身上更频繁地显现出来而已。

1990年，萨莉·赫尔格森（Sally Helgesen）写了一本同样经典的书，认为女性高管不同的管理风格赋予了企业"女性优势"。[2] 2010年的一项研究发现，极其成功的团队与其他团队的一个关键差异在于团队的情商以及女性的数量，她们更善于理解自己的队友。[3] 最近的其他研究显示，同少数族裔的多样化一样，在管理团队中，引入性别的多样化也会激发更多批判性和创造性的思考，从而提高决策的效率。[4]

然而，透过这些所有表面上的多样化，我和Tiger 21的伙伴们学到，最重要的多样化就是多样化的观点。"如果房间里有一群会计师，我就不会在乎他们中的一半是不是女性。"Tiger 21的老成员戴维·拉塞尔说，"他们只会想出会计师的观点。"我同意这一点。根据我的经验，真正有意义的会议是那些参与者拥有多样的专业知识和经验的会议。比如，参与者们拥有律师背景、运营管理背景、投资背景或市场营销背景，他们来自不同的行业，最好也存在性别和种族的多样化。

我记不清这种多样化已经帮助我们激发出了多少重要观点。当一个人只关注某只基金的业绩时，另一个人会问这只基金的管理人员的变更频率。第三个人也许会关注管理人员自己投了多少钱，这些钱占其资产净值的多少。而第四个人会想知道基金的合伙人是否有第二套房子或游艇，以及他会花多少时间在其他事情上，如慈善活动——慈善活动虽然对社会有很大的好处，但是会降低他对本职工作的关注度。当某位基金经理给我们的小组做报告时，如果我们中有某位成员来自同样的行业（可能比演讲者的经验更丰富），那报告现场会更火花飞扬、精彩异常，整个小组都会因此获得难得的经验和知识。戴维说："通过寻常的商业交流，你永远不会获得那种洞察力。"

还有，如果你只雇用那些从同一所学校毕业的学生或对你说的每一件事都点头的人，你也不会得到这种洞察力。伟大的创业者是进行创新的人，他们总是关注下一个机会。参与或者组建一个多样化的团队，将使你和你的公司更聪明、更有创意、更有效率。

注释

1. Carol Gilligan, *In a Different Voice* (Cambridge, MA: Harvard University Press, 1982).
2. Sally Helgesen, *The Female Advantage: Women's Ways of Leadership* (New York: Doubleday: 1990); Sally Helgesen and Julie Johnson, *The Female Vision: The Real Power of Women at Work* (San Francisco: Berrett-Koehler Publishers, 2010).
3. Anita Woolley, Thomas W. Malone, and Christopher Chabris, "Why Some Teams Are Smarter Than Others," *New York Times* (January 18, 2015). (The authors, who teach at Carnegie Mellon, MIT, and Union College, respectively, led the study cited here, originally published in the journal *Science*.)
4. See: Katherine Phillips, "How Diversity Makes Us Smarter," *Scientific American* (October 1, 2014); and Sheen S. Levine and David Stark, "Diversity Makes Us Smarter," *New York Times* (December 9, 2015). (Summary of their research study on the benefits of ethnic and racial diversity to groups.)

第三阶段

风险管理

创业者和其他商业人士，或者说和其他大多数人的一个区别是他们对风险的偏好。风险常常被认为是不健康的，甚至是危险的。但通常情况下，而且通常是在困难的情况下，一位成功的创业者不可避免地会在一项业务上下很大的赌注。普通人都习惯于回避风险，寻求安全而不是风险，但创业者总是在追逐风险。

但亚当·格兰特（Adam Grant）在最近出版的《离经叛道》一书中指出，创业者实际上比其他人更厌恶风险。[1]这句话当然不是说创业者们一边厌恶风险，一边追逐风险。我认为它想表达的是一种不同的衡量风险的方法。虽然按照大众的观点，成功的创业者追逐的是其他人会极力避免的巨大风险。但实际上，由于风险的不同特征，成功的创业者会对这些风险进行分析判断，并以独特的方式来应对。而其他人可能根本没有创造力或智慧去找到方法应对。从这个意义上讲，成功的创业者可能是相当保守的，因为他们不承担无法有效管理的风险。

放弃一份稳定的工作来创业，并不是每个人都能做到的。但是，创业者并不是疯狂的冒险者。他们制定的（心理和经济上的）策略可以管理其他人没有考虑过的风险。那么风险如何被量化呢？接下来的内容提供了一些见解。

注释

1. Adam Grant, *Originals: How Non-Conformists Move the World* (New York: Penguin, 2016).

THINK
BIGGER

第 16 课

旁观者眼中的风险

在经典经济学教科书中，只有当成功的概率超过失败的概率时，理性的人才会冒险。当然，避免所有的风险是不可能的，开车、运动、坐飞机甚至仅仅住在城市里都会有风险。但如果你不想过沉闷的生活，就只能拥抱不确定性。

研究表明，极端聪明的人（包括咨询师和决策者）总是习惯于低估风险。正如我前面提到的，诺贝尔奖得主丹尼尔·卡尼曼和他已故的合作伙伴阿莫斯·特沃斯基发现，创业者总是会过度乐观，他们为此提出了一个名词：计划谬误。卡尼曼写道："他们的决策基于极度乐观的假设，而不是基于对收益、损失和概率合理加权后的精心计算。"[1]

从某种意义上讲，心理学家是正确的。创业者之所以没有准确地看待风险，是因为他们高度的乐观主义倾向让他们低估了风险并向前迈进。在我看来，这很可能是基因编码的结果。如果没有乐观主义，人类的祖先就不会冒着生命危险去猎杀那些巨大的、浑身是毛的猛犸或巨熊，他们的部落就得不到足够的食物。20～30岁的男性普遍都有毫无根据的乐观情绪。[2,3]或许这就是为什么他们比其他人更有可能选择（也更喜欢）那些充满压力和风险的工作，比如驾驶夜班飞机、交易大宗商品和常驻钻井平台。

但是心理学家的看法也有错误的一面，就是太执着于精准的计算和可能性。包括我自己在内的多位创业者都有这样的经验：风险可能只存在于旁观者的眼中。

举个例子，你和我同样在审视一栋地产投资项目，并且都认为有一定风险。不同的是，我有25年的房地产经验，而你在其他行业工作了25年。对我来说，25年的房地产经验能让我看到不一样的东西，风险似乎没有你认为的那么大。我并不认为经验总是万能的，或者风险不能被衡量，而是认为风险不会只有一种衡量标准。

专业和独到的见解可以帮助你减少交易或投资的不确定性。只要价格足够便宜，一栋位置不佳的建筑也可以成为一个很好的交易标的，也或许我可以为它找到一种你可能不会想到的新用途。

正如我的导师戴维·弗罗默教我的："没有好的或坏的房产，只有好的和坏的交易。"这个观点不只适用于房地产。

戴维的睿智让我联想到读过的一本关于投资的书——霍华德·马克斯（Howard Marks）2011年出版的《投资最重要的事情：顶尖价值投资者的忠告》。马克斯在这本经典之作中指出，无论你的投资有多分散，你对市场变化的测量有多准确，"高风险主要来自高价格"。[4]

但你怎么知道什么时候你付得太多呢？正如你看到的，一位成功的房地产商人的经验对投资房地产是有帮助的。那么其他人怎么规避风险呢？答案很清晰：他们不会投资自己不擅长的领域，假如他们这样做了，那一定是基于他们已经充分了解了这个机会的基本面，从而理解了其真正的内在价值。

也要记住戴维·拉塞尔说过的话，他建议："如果你的专业在房地产、软件或其他领域，那就集中于你的专业，不要去做不擅长的事情。"[5] 话虽如此，戴维本人却是一位对冒险上瘾的人，他在各个领域都取得了令人目眩的成就，背后的原因是他用一切机会尽可能地学习知识。

戴维创办过一家为银行和交易商提供及时基金信息的通信软件公司，后来在1995年卖给了汤姆森财经公司（现在的汤森路透）。他坦白道："当我把公司卖掉时，我对投资一无所知。"但戴维是一个聪明人、一个专注的钢琴家、一个酷爱诗歌的人。在其他创业者的帮助下，他涉足了能源行业，投资廉价回收石油和天然气的技术。

2015年8月，当油价从107美元暴跌到39美元时，戴维宣布他将投入几百万美元于自己的石油公司,并计划在年底投资更多。他相信油价会继续下跌,而那些在油价为 60 美元时看多的公司将会遭受打击,银行会对它们撤资。"这可能是一个世代廉价收购石油资产最好的机会了,而我就是这么做的。我是个冒险家。"

戴维的信心建立在自己对石油行业的理解上。不仅如此,他还相信价格趋势对他有利。他的石油公司开发的技术可以将一桶石油从挖掘到运送至炼油厂的成本控制在 10 美元以下,这意味着无论石油的售价是 30 美元、45 美元还是 100 美元,他的公司都有利可图。祝他好运,我希望他是对的。管理风险和消除风险是非常不同的事情,不管戴维有多聪明,石油交易都有很大的风险。

记住你的底线:敬畏风险,重视你自己的担心。但当业务基本面和价格对你有利时,别人眼中的风险对你来说可能就是一个绝佳的机会。

注释

1. Daniel Kahneman, *Thinking, Fast and Slow* (New York: Farrar, Straus and Giroux, 2011), 252.
2. See: Noah Smith, "What Drives Men to Take Bigger Risks?" Bloomberg View, (September 24, 2015), and Francesco D'Acunto, "Why Are Men More Likely to Take Financial Risks?" World Economic Forum (September 23, 2015), https://www.weforum.org/agenda/2015/09/why-are-men-more-likely-to-take-financial-risks.

3. Jessica Firger, "Why Teenage Boys Do Stupid Things," CBS News (June 12, 2014), http://www.cbsnews.com/news/whats-wrong-with-the-teen-brain.
4. Howard Marks, *The Most Important Thing: Uncommon Sense for the Thoughtful Investor* (New York: Columbia Business School Publishing, 2011), 46.
5. David Russell, interview (August 28, 2015).

THINK
BIGGER

第 17 课

像农场主一样对待风险

你永远不会在《华尔街日报》或 CNBC 上得到这样的建议。老实说,这对我来说也是一个关于风险的新知识。我要感谢威尔·阿德(你在第 3 课遇到的石油狂人),他在印第安纳州的一个农场长大。"对冲基金经理、高频交易者都比不上农民对风险的了解程度深,"威尔说,"农作物价格上涨或者下降、下雨或者不下雨、疾病和瘟疫是否会发生,这是农场主每天都要面对的风险。"[1]

威尔对风险的冷静态度帮助他看到了投资机会,当时几乎所有人都在躲避风险。他第一次成功是在 20 世纪 80 年代初,当时他住在文莱。有一天,父亲给他打电话,带来一个坏消息。"银行不愿再借钱给我了。"他的父亲告诉他。威尔说:"父亲的经历给了我

80年代农业大萧条的第一手感受。"

这场危机的根源可以追溯到20世纪70年代初，当时美国与苏联谈判达成了一项为期数年的谷物采购协议，之后农产品价格一路飙升。1972～1974年，玉米价格增长了两倍，小麦价格也翻了一番。不出所料，农场主开始借钱来增加产量。1973～1974年，美国农产区迎来了繁荣，但接下来发生了通货膨胀。1973年10月，阿拉伯石油禁运使得石油价格迅速从每桶3美元上涨到每桶12美元，接着1979年的伊朗革命导致了能源危机的爆发。为了抑制两位数的价格增长，美联储不得不提高利率。

1980年，苏联入侵阿富汗，吉米·卡特（Jimmy Carter）政府宣布对苏联实施谷物禁运。这一结果对农业造成了双重打击——谷物堆积，价格下跌。到了1981年，利率升到21.5%的历史新高，美国经济整体出现衰退。农场主净收入下跌30%，土地价格下跌50%，整个中西部1/3的农场主还不清贷款，纷纷把质押的土地交给了银行。

"和我父亲通完电话后，"威尔说，"我把所有的东西都卖了，然后开始以每英亩[一]1000美元的价格收购印第安纳州的农田。今天，你可以打听一下，同一块土地的价值大约是每英亩8000～10 000美元，还有额外的年租金收入。"最终，威尔在印第安纳州买下了六个农场，包括他父亲的。

许多人认为这次衰退是"大萧条以来最严重的衰退"，威尔当

㊀ 1英亩 = 4046.856平方米。

时的冒险相当大胆。但他在评估风险方面有两个优势。作为一个农场里长大的男孩,威尔知道当经济开始再次增长时,经济对农业的需求也会随之增长;作为一名石油从业者,他早已习惯于波动。30多年后,当2007~2008年的金融危机又一次被认为是"大萧条以来最严重的衰退"时,威尔知道,又一个投资机会降临了。

当时,威尔正经营着油井生意和农场租赁生意,往来于佛罗里达州和印第安纳州的两处住所。然而他渴望成为一个更好、更多样化的投资者,于是他在迈阿密加入了Tiger 21小组。几周后,信贷市场冻结,股票市场开始自由落体。

少有美国投资者逃过了这场大屠杀。威尔刚认识的许多小组成员的资产净值缩水了20%甚至更多。2009年3月,威尔回到印第安纳州,同他美林证券的经纪人见了面并共进午餐。"他看上去不太好。"威尔回忆道,这位经纪人哀叹客户几个月来一直在抽资。威尔也对他说到佛罗里达州的情况同样没有任何好转,然后,他用一句话让经纪人高兴了起来,"午饭后,我要你为我的账户打保证金,开始买股票"。威尔解释说:"我把从Tiger 21小组成员和我的股票经纪人身上所看到的,作为我一生中最大的买入信号。"

当一年后股指开始上升时,威尔已经全押了"接下来持续六年的牛市"。当我在2015年采访他的时候,他说:"我人生中第一次配置了20%的资产到现金上。"他已经准备好在牛市结束后买入了。六个月后,当油价在2016年初跌至12年以来的最低点27美元时,股市迎来了1930年以来最糟糕的开场。我决定去拜访一下威尔，看看他表现如何。威尔说："大宗商品又迎来了一次周期。"他笑着解释了油价暴跌的原因，并说去年七月他就已经卖出了他最大的能源头寸，盈利150%，并在等待另一个买入信号。

"每个人每天都会面临风险。"威尔说，"你躲在床底时可能会被一颗彗星砸中，你在州际公路上开车时可能会被一个疯子撞到。在生活中，没有办法完全规避风险，你必须学会去拥抱它。"

注释

1. Will Ade, interviews (February 19 and August 14, 2015).

THINK
BIGGER

第 18 课

定期进行投资组合答辩，并识别你的盲点

在 2010 年《纽约时报》的一篇关于 Tiger 21 的报道中，我们的一位成员提到"Tiger 21 的魔力在于能够促进成员彼此之间的互相学习"。

这种魔力主要来源于投资组合答辩（portfolio defense，PD），这是我们最重要的一环。几乎每个月的例会都会有一个 PD，我们称之为"拷问"，我们每个人每年都必须接受这样的拷问，拷问我们在经济上或生活中做出的关键抉择，这些抉择通常也受到当时个人情绪的影响。会员通常要提前几天或几周做准备，实际的答辩通常会持续 90 分钟，内容不受限制，涵盖我们的股票、债券、私人投资、基金头寸和房地产，有时还包括我们的慈善活动。除了单纯

地谈论这些数字，成员们同时也会分享他们的人生目标、个人生活、家庭情况等，以及他们在保管自己的财富或处理遗产时感受到的焦虑。换句话说，这些话题将促使成员们探索财富在他们生活中更广泛的意义，以及利用财富来推动慈善、政治或家庭目标。

我做年度 PD 已经有 18 年了。然而每一次，我仍然会带着一种惶恐和好奇的心情走进房间，看看大家对我最新的报告会有什么样的反应。坦率地说，不是每个人都能应付这种赤裸裸的曝光。一位资深会员说："有新入组的成员在答辩的前一周甚至前一天晚上因为过度焦虑而退出了小组，他们就是无法面对拷问。"

那是他们的损失。真相会让人受伤，但更会带来帮助。我记得在 20 世纪 90 年代末的一次 PD 上，一位成员说他把投资组合的 40% 分配给了生物科技股。在那间屋子里，我们没有人是生物技术方面的专家，但我们从经验中知道，专注于一个行业做被动投资会自找麻烦。在 PD 结束时，这个成员收到了清晰的建议：减少对生物技术的投入。

但他搁置了大家的建议。尽管他曾经在其他行业很成功，但他现在确信生物技术才是未来。不过到第二年他的下一个 PD 的前几周，他终于采取行动削减了生物科技股。他后来承认，他不想什么都没做就出现在大家面前。

十年前在另一个令人难忘的 PD 上，有位成员说他把 75% 的资产投资于一只基金。尽管每个人都认同该基金的收益率很高，但大家一致认为，将一半以上的资产投资于一只基金风险太大。（就我个人而言，即使只投 75% 这个数字的一半就已经够把我吓坏了。）该成员承认存在风险，但坚持认为不能放弃，因为回报太丰厚了。此后不久他就退出了这个团体，他觉得这个团体给他的建议既不明智又没有用。他对从美国顶级交易员伯尼·麦道夫（Bernie Madoff）管理的基金中撤出资金的建议没有兴趣。

伯尼·麦道夫是纽约投资界的知名人物，当时我们谁都不知道他在操纵史上最大的庞氏骗局，这个骗局在 2008 年 2 月被戳穿，投资者损失了数十亿美元的资产，这位前成员损失惨重。当然还有更糟糕的事情，很多人因为迷信麦道夫，抵押了自己的住房去投资，将超过 100% 的净资产置于风险之中。

这位前成员的失策在于，他没有意识到，在 Tiger 21，他曾经有一个"董事会"为自己服务并可以帮助自己。来自佛罗里达州南部的查理·加西亚（Charlie Garcia）是多家集团公司的主席，他就体会过成员身份的好处。[1] 他曾经说过："Tiger 21 让我成为'董事会主席'，会议室里还有另外 14 位成员，他们都在帮助我，他们在各自的行业都非常成功——从律师、银行家到对冲基金和私人创业者，并且他们还坦诚地将自己的投资、商业、个人和家庭挑战摆到了桌面上。"

每个成员都能很快学会的一件事是，无论我们多么聪明或富有，我们都有自己的盲点，一开始你可能没有发现，但在你的小组中可能会有人向你指出来。我们试图鼓励用一种委婉的方式来进行这种拷问，但即使是来自世界级投资者最善意的批评，也会让其他世界级创业者觉得自己是房间里的差生，甚至更糟。对我自己来说，我对参加PD的焦虑来自我觉得我应该成为一个比自己实际状况更出色的投资者，毕竟我是这个团体的组织者。

当我在2013年2月底为我的PD做准备时，我觉得当年自己的表现还不错。股市再次上涨，我听从了团队的建议，聘请了一名全职投资经理，帮助我管理投资组合。我还采取了严明的纪律，这与我年轻时的风格大不相同。我放弃了一部分资产，卖掉了一栋自己出于感情原因一直在维护的房子。我花了20%的时间来严格管理我的投资组合，我为自己取得的进步感到骄傲。我希望我的团队成员对我赞不绝口。然而，相反的情况发生了。

当我把非房地产资产加起来后，投资组合的总价值只上升了6%。当年标普500指数上涨了40%，而我的资产在这个大牛市行情里只上涨了6%。一位财富管理专家震惊地发现，我的投资组合中居然有20%的现金。我的解释是：尽管我不再继续保有现金为下一笔大宗交易做准备，但我也把现金看作是一种对冲意外灾难的工具，比如一场"黑天鹅"事件、恐怖袭击、市场崩溃或环境灾难。我从来没有忘记，在1987年10月的股灾中，当周围的人都陷入恐慌时，我依然手握卖掉第一家公司的现金，这让我松了一口气。

小组成员里一位金融家将目光投向了我投资组合中的股票，这些股票只上涨了1%。他说："即使你把这些钱投入免税的市政债券，你也能得到更好的回报。如果你是我手下的员工，我会因为你的糟糕表现而解雇你。"我承认他是对的,从此以后我不再投资个股了。

接着,小组中我的一位老朋友指出,我答辩中的财务成功是微不足道的。"你的分数处在 D 到 C- 之间。如果你真的把 20% 的时间花在了管理资产上,那你的麻烦很大。这工作不适合你。"另一位曾担任华尔街一家大型投资公司副董事长的成员说,他认为我应该继续削减投资组合的头寸,从 77% 到 40%,甚至 30%。"最小的头寸占总数的 2%,最大的头寸在 8% 左右。"

在这次持续了 90 分钟的 PD 中,我不仅听到了很多专家建议,也收获了一个重要的自我认知,这使我今天成为一个更成熟的投资者。我终于承认,在我们的组织里,我的投资水平不可能达到世界级。我的解决方案是,在成为一个总是追求极大回报的积极投资者,与成为一个一心只想守着自己的财富的消极投资者之间达成妥协。从那以后,到今天为止,这个妥协依然很让我受用。

令我欣慰的是,我手头有这么一个规模庞大、睿智的"董事会",他们不是对我的投资组合,而是对我的幸福非常感兴趣。每当我的生活中出现关于商业、投资、慈善事业甚至家庭问题的重大决定时,我都会问自己:"在 Tiger 21 中,谁能给我最好的建议?"

你的盲点是什么?如果你没有答案(或者你认为自己没有答案),你就需要组建自己的董事会来帮助你评估:你在管理业务、金钱和个人生活上表现如何。正如查理·加西亚所说:"为了过上真实的生活,或者成为一个真正的领导者,你需要让你身边的人给你诚实的反馈。"

经常有朋友或熟人来找我咨询收购或创建一家公司的事情，我都会问："你们有董事会吗？"令人震惊的是（对我来说是如此），大多数人回答说，他们甚至没有想过这一点。到目前为止，大多数情况下我都能说服这个人招募董事会成员并赋予董事会权力。每个人都有盲点，而正直、忠诚、睿智的顾问是任何创业者都应该拥有的最好的工具之一。

注释

1. Charlie Garcia, interview (July 29, 2015).

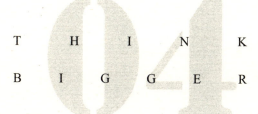

第四阶段

以明智的方式发展业务

导致许多创业者失败的一个原因是没有一本关于创业的教科书。"做你想做的任何事情"是创业者中常见的一句话。然而许多人都在不停地处理危机，一个还没有结束，另一个已经来了。有句话很好地做了个比喻："这就像你在制造一辆自行车，同时你还得骑在上面。"

公司创立者从快速决策中受益，并在即兴创作中学会了生存。"每天你都在做决定——行，不行，不行，行。"一位 Tiger 21 成员认为过度分析可能会误事。成功的创业者思维应该和职业经理人思维有所不同，这一部分内容阐述了创业者如何在带领团队走向成功的同时培养创造性思维。

THINK
BIGGER

第 19 课

创业不仅仅关乎财富

2010 年 1 月 4 日,芭芭拉·罗伯茨(Barbara Roberts),这位连续创业者,同时也是金融服务公司迪恩威特(Dean Witter,后来被摩根士丹利收购)董事会的第一位女性成员,研究并撰写了《企业所有者的旅程》(*The Owner's Journey*)——一本哥伦比亚大学商学院发表的白皮书。在这本白皮书中有八个案例,研究了八位出售或转让自己的企业给家庭成员的创业者的故事。我饶有兴趣地阅读了芭芭拉的报告,并看到了这样的见解:

> 很少有创业者以致富为创办公司的唯一目的。通常,他们创办公司是为了解决一个问题,为了创造新的东西,为了基于自己独特的视角采取行动,甚至只是为了让世界

变得更美好。[1]

这也正是我自己的经历。尽管我的第一项事业起步艰辛，但我还是对重振一片被遗忘的城市景观满怀热忱。在那里，我看到了重振泽西市滨海区的潜力，我远远地走在了其他更有经验的开发商和政府规划者的前面。在进行开发的那些年里，我从来没有想过要变现，直到被我的搭档逼得几乎没有其他选项为止。大多数人不明白，虽然金钱是商业的核心，但它远不是唯一的动机。推动许多创业者的是一种冲动：建立一些东西、创造一些全新的东西、扭转颓势、让世界变得更好——正如我的组织中许多成员所做的慈善事业和投资一样。

芭芭拉补充说："在很多方面，创业者就像艺术家一样，带着巨大的激情从事他们的工作。"[2] 我觉得艺术家的比喻稍微有点过了，作为一个业余摄影师和艺术收藏家，我不愿意把我作为一个创业者的所作所为与优秀的艺术家相比较。然而，芭芭拉，这位哥伦比亚商学院的"常驻创业者"强调了这一点："我相信创业者就像凡·高。"她说凡·高在画《星夜》时肯定没有考虑过售价，他只是画了被内在激情所驱动的东西。这一点引起了芭芭拉学生的共鸣。"激情和目标是创业的秘诀。"她在一次讲座中说，"如果创业者只专注于创造价值和最终售出公司，他们就不会选择来创业。"

芭芭拉对艺术家和创业者的类比开始引起我的共鸣，因此我开始尝试和更多的创业者谈论他们的职业生涯，并反思我自己的发展轨迹。罗伯特·奥林杰说："我喜欢创业公司的某些东西——它们与创造别人没有创造过的新事物有关"。³ 在这句话里你会发现当代艺术口号的影子:"创造新的东西!"创业本身也是创办一家有价值的公司的持续的创造性活动。不要忘记,当投资者为首席执行官们提供资金时,我们的创业者们还仅仅只有一个想法。

虽然罗伯特并不比我更倾向于称自己为艺术家,但在过去的 20 年里,他创造了大量令人印象深刻的新业务。你可能还记得第 7 课,他的动机来自帮助糖尿病患者及其家庭,他从自己的孩子开始。然而,他对自己的创业精神直言不讳。1979 年,在宾夕法尼亚大学沃顿商学院读大一时,他就利用大学篮球队出人意料地晋级 NCAA 锦标赛四强的优势,创办了一家成功的篮球 T 恤公司。

罗伯特在 IBM 工作了近五年,每年都是优秀销售获得者。之后他打算买下一家加拿大生物反馈仪器的小型进口公司。为了筹集这笔钱,他动用了结婚礼物和岳父的贷款。两年后,他的公司与 AMG 医疗用品公司合并,这家公司由两个合伙人经营,他们正在寻找一个聪明人帮助他们扩张业务。

罗伯特成为这家公司的第三名合伙人,然后又开始继续创业。"我不是一个好的公司管理者,但我优秀的合作伙伴们认同我对公司战略远景的展望。"罗伯特渴望进入美国市场,他创建了另一家姐妹公司 CanAm Care,后来成为一家成功的私人贴牌生产商,为渴望建立自己品牌的美国当地医药批发和零售商们生产柳叶刀、注射器和护理产品。罗伯特还创建了一家公司,提供非处方药——Dex4 品牌的葡萄糖药品,用于治疗轻度或中度的低血糖发作。

1998 年，他把 CanAm Care 卖给了一家美国大医疗公司——Inverness 医疗技术公司，这是一家诊断设备的创新者，提供家庭怀孕测试设备和血糖监测仪。2001 年当强生公司收购 Inverness 医疗技术公司的糖尿病资产时，罗伯特从他们手中买回了他的老公司，然后又在 2014 年以 3600 万美元的价格出售了它。

2009 年，他发起了另一项以治愈糖尿病为目标的项目——Locemia 解决方案（Locemia Solutions），其目标是为严重的糖尿病患者创造一种不需要针头、无须注射、极其简单的治疗方法。严重低血糖的风险一直笼罩着胰岛素使用者及其家人，如果血糖水平下降，糖尿病患者很快就会失去方向感，甚至失去意识。历史上，治疗方法是通过一个极其复杂的急救箱将胰高血糖素输入病人的体内。这种方法需要护理人员打开容器，取出装满液体的注射器，将液体注入装着胰高血糖素粉末的小瓶中，摇动它，再将液体抽回注射器，然后将其注射到低血糖患者的体内。这种方法非常惊险，一直在跟时间赛跑。

2015 年，Locemia 解决方案在一次大型糖尿病技术会议上宣布了突破性进展。一种新的输入装置能很容易地将一股公司有专利的胰高血糖素粉末输送到患者的鼻子里，粉末很快会被鼻黏膜吸收并进入血液。该产品给人留下了深刻的印象，到 2015 年底，尽管该产品还没有完成 FDA 要求的临床试验，但制药巨头礼来已经购买了该产品的全球使用权，并打算推出该产品，以取代目前市场领先的自己的产品。

罗伯特是一位活跃的天使投资人，投资与糖尿病相关的新项目，包括首款直接插在 iPhone 上的血糖仪。他从未停止寻找下一个突破。"我喜欢白手起家创建公司，喜欢挑战。"他说，"寻找不断变化的、多维的难题，并创建一个项目去解决它。"这也听起来像一个艺术家。

罗伯特的故事暗示了创业艺术中的另一个重要变量：即兴发挥的能力。最近，我和一位律师的午餐勾起了我的一段回忆。这位律师曾经是 20 世纪 90 年代我和戴维·弗罗默共同开发滨海港终点站时的全权代表。我回忆起当时的自己，那个 25 岁的年轻创业者，想起了我那时必须依靠自己的创造力才能继续前进。这件事不是在车库做一个装置然后把它卖掉那么简单。把一个旧的海滨码头纳入一项美国最大的商业翻新工程，让当时的我们陷入了一个危险的境地，面对着工会和政治方面的新泽西式对抗。我陷入了围绕滨海开发的法律问题的细节中，经常与房间里的律师们针锋相对。我还需要像电影里演的那样，作为一个在长岛的富裕郊区长大的工程师的孩子，与控制装货码头的强硬的工会成员对抗。码头工会里的一些坏蛋，会在卡车卸货给客户的时候，偷取一部分货物。如果我们要把旧仓库改造成现代化的办公大楼，就需要从工会手中夺回装货码头的控制权，并设法避免客户的损失。

最初，所有的上层建筑都有一个共用的底层装货码头，每个租户的物资、机器和货物都在这里装卸。我们的解决方案是将码头分割成单独的空间，这样每个主要承租人都可以拥有自己的电梯和自己管理的私人装货码头。作为减少工会工作岗位的补偿，我们为一些现有工人提供终身合同。这是我们愿意付出的代价，也是工会的交换条件。

这座仓库的面积相当于原来 80 层的世贸大厦的面积，由巨大的燃油锅炉供暖，供暖季节里每周都要消耗一卡车的取暖油。工会对我们的威胁是，他们的合同总是在一月份结束，正是供暖的高峰期。如果工会罢工，运油车就不能越过警戒线往锅炉里加油了，而工会知道关闭大楼比给码头工人加薪贵一千倍。

我的解决方案是将大楼改造成由燃气供暖，基本上要重新铺设整个 200 万平方英尺的大楼。最终，我们再也不需要石油运输车了，天然气会通过管道运输。但为了在天然气系统到位之前减少暴力冲突，我安排了人将取暖油从我们的海滨建筑一侧的河岸边用驳船运进来。但是仍然有暴力威胁，我们的一名卡车司机在河边会被工会粗暴对待。但在法律上，我们控制了河边。我的下一步行动是安排警卫和站在屋顶上的摄影师，这样，如果工会试图阻止驳船或再次粗暴对待司机，我就可以把他们带到全国劳动关系委员会面前，播放他们违法的录像。

我成了另一个凡·高？不尽然，尽管我被一种成功信念所吸引，而这与最狂热的艺术家一样。在把一个新泽西的破旧仓库转变为最有价值的综合商业办公大楼的过程中，处理这么多的变数可能不是一门资本艺术，但它确实涉及大量的即兴创作。

注释

1. Barbara Roberts, Murray B. Low, Brian Thomas, Keith Banks, and Mitchell A. Drossman, "The Owner's Journey," Columbia Business School and U.S. Trust (May 2015).
2. Barbara Roberts, interview (August 5, 2015).
3. Robert Oringer, interview (July 21, 2016).

THINK
BIGGER

第 20 课

磨炼"三重专注"的能力

我在最优秀的创业者——那些一次次从无到有地创建了价值数十亿美元的公司的创业者身上,发现了一个明显的天赋:专注能力。这种专注能力近乎一种偏执。2015 年瑞银和普华永道的一份关于亿万富翁的报告中使用了"专注于业务"(obsessive business focus)这个词。"在他们发现了一个(新的业务)机会后,他们在行动中就会采用极其专注的办事方式,一些观察家称之为'隧道视觉'(tunnel vision)。"[1]

我创建过许多企业,也在人生中经历过非常专注的时期。其他人将这种专注持续了更长的时间,有时是几十年,并取得了更大的成功。我想我只是在 25～30 岁时才体验过这种"不停的、强迫性的"专注,主要是因为我当时身无分文。那时我正在开发滨海港的工程,这是我职业生涯获得第一桶金的地方。(我并不想抱怨生活,相反我有很多其他人没有的优势,包括教育背景和遇到麻烦时随时可以得到的支持。)

但这里有一个很大的悖论,也许反映了创业者的独特本性。一方面,创业者经常精力旺盛,患有注意力缺陷障碍,这使得他们很容易被分心,他们经常会连续快速推进各种不同的事情。另一方面,尽管他们容易分心,但成功创业者的关键特征是他们持续专注直到获得成功的能力。

我一直在思考,如何能够在一段持续的时间里驾驭这种强大的专注力,以及它是否可以被学习。近年来,神经科学家们在专注力领域做了大量的研究,丹尼尔·戈尔曼(Daniel Goleman)的《专注:让你不再分心、成就卓越的力量》(*Focus: The Hidden Driver of Excellence*)一书有所涉及。戈尔曼是一位心理学家,奠定了关于情商的早期研究。专注力是成功的一个重要因素,不仅对于商界,对于体育、教育和艺术领域也是如此。科学研究揭示出,这种专注力的外在展现形式并不显得生硬,反而显得非常多姿多彩。如戈尔曼所说,最成功的商业领袖拥有"三重专注":[2] ①内在专注(意识到自己的长处和短处);②对他人专注(关注周围人的需求,尤其是他们的员工和客户);以及③外部专注(关注世界上正在发生的那些可能会改变商业战略,甚至会影响整个商业模式的事情)。

这样的三重专注远超过"隧道视觉"所描述的层次,这让我松了一口气。我很高兴地得知,我对政治和社会的兴趣,以及我对新思想和新技术的普遍好奇心都算得上是更好的专注,当我回顾我波澜不惊的职业生涯时,这一定有助于我走上正轨。

尼尔·米尔奇(Neal Milch)就是一个典型的例子,他拥有一个聪明、多维专注的大脑。尼尔经营着 Laundrylux,一家有着 60 多年历史的商业洗衣业龙头公司。[3] "我是一个特别执着的人。你必须具备超人的生存能力——能够采取行动,即使你口袋里什么都没有,只有意志力。"尼尔没有意识到的是,他所说的"意志力"远不止自我控制或者毅力,而恰恰是最有才华的创业者所特有的多维专注力。

尼尔的父亲伯尼·米尔奇(Bernie Milch)开创了投币洗衣业,天才般地将技术诀窍和营销罕见地结合在一起,在北美销售瑞典 Wascator 公司生产的耐用、节能的商用洗衣机。作为一名年轻的大屠杀难民,伯尼在战后的纽约市以机械修理工的身份谋生,但他很快就找到了一个为酒店、商业洗衣店和本地衣物整理公司提供洗衣设备的小天地。他的重大突破发生在 1956 年,当时一家保险公司雇他来评估瑞典客轮斯德哥尔摩号的洗衣房的损失。斯德哥尔摩号停靠在楠塔基特附近,在与意大利游轮安德里亚·多里亚号的相撞中幸存,而后者却沉没了。

尼尔的父亲进入了已经被抽干了水的斯德哥尔摩号的洗衣房,以为洗衣机被海水弄坏了,但当他接通电源后,洗衣机都正常运转起来。尼尔说:"他很惊讶,可以想象有一束来自天堂的光穿透了船舱，小天使们拍打着翅膀说，'伯尼，伯尼，这就是你需要的洗衣机！就是这种洗衣机'。"

洗衣机背面的标牌显示，该品牌为 Wascator，伯尼发现它的生产商来自瑞典小城孔斯巴卡（Kungsbacka）。在给这家公司写了两封信却没有收到回信后，伯尼借了一些钱，乘货轮去了瑞典，还进口了一台 Wascator 洗衣机。回到纽约后，他拆掉了它，接上硬币计量器和钱箱，然后测试了它的耐用性和洗涤效果，证实了瑞典的这种前装式不锈钢商用洗衣机优于最受美国洗衣店欢迎的顶装式洗衣机。

1958 年，他终于说服 Wascator 授予他在北美销售洗衣机的权利，然后他继续挨家挨户地去纽约市的投币洗衣店，说服店主安装他的瑞典洗衣机，每周分两次钱。据尼尔说，没过多久，有位店主就说："我不想与你这样合作了。我会买这种洗衣机，而且会买很多。我的顾客很喜欢它们。"

这是一家彻底改变北美投币洗衣业的公司的开始，伯尼把它命名为 Wascomat，结合了瑞典品牌和他在曼哈顿最喜欢的午餐店——传说中的 Automat，一个欧洲移民在英文不足以应付菜单和侍者的情况下，就可以吃到午餐的地方。这个欧洲难民（尼尔的父亲）有一个非常美国化的梦想。"他认为，二战后的美国将开启一个美好的时代，人们将建立家庭，并会喜欢专业自助洗衣店。"尼尔说，"他是对的。"

后来伯尼把钱借给移民自意大利、希腊和西班牙的客户——像他一样没有机会从银行贷到钱的移民创业者。他逐渐打造了一家在业内首屈一指的财务分公司。作为洗衣机的独家经销商，Wascomat销售"精益求精的瑞典制造"的洗衣机，在北美的自助投币洗衣和商业洗衣市场上获得了可观的份额。他销售的产品用于酒店、汽车旅馆、疗养院、医院等场所的优质洗衣房，甚至包括北极核潜艇内的洗衣房。

"我们垄断了这类商业洗衣设备大约25年，"尼尔说，"获得了垄断利润。"1973年，伯尼运作瑞典电器制造商伊莱克斯（Electrolux）收购了Wascator，并投资产品开发。

尼尔从小就在Wascomat做暑期工，他总是认为自己最终会为家族企业工作，不像他哥哥那样去上医学院追求其他兴趣。1985年，尼尔从斯坦福大学和哥伦比亚大学法学院毕业后从事了两年的法律工作，之后开始全职为Wascomat的金融业务工作。然而工作并不令人愉快。据尼尔说，他的父亲是一个独裁者，不希望任何人质疑他的决定或提出不同意见。"我们争吵了好几次。"

"16年来，他不停地贬低我的所作所为，并在大家面前说教我。"尼尔说。对于为什么要受虐待，尼尔解释说："我在这家公司奉献了很多年，我看到我的预测成真，我的直觉得到验证。我知道自己在做什么。"尼尔意识到他继承了他父亲的创业基因。他注意到有一批新的、更精通技术的人进入投币洗衣业，他们希望自己的洗衣机具有编程灵活性。"而我父亲说这是行不通的。可能是因为他不懂，也没有兴趣去理解。"在没有父亲帮助的情况下，尼尔与伊莱克斯的研发工程师合作开发了一款微处理器控制的投币洗衣机。他设计了用户界面、程序，甚至控制手册的图示。他回忆道："我还为我的翡翠系列洗衣机编写了用户手册和所有营销材料。然后我买了一集装箱这种新型洗衣机，并在新泽西州建造了一家以它们为特色的投币式洗衣店，销售额猛增。"

尽管翡翠系列在全国和国际上取得了成功，但伯尼从未承认这一点，甚至否认尼尔与该项目有任何关系。2001年，尼尔终于辞职了。"我无法应付我的父亲，很明显，我的成功和日益增长的声誉威胁到了他。"2002年底，尼尔举家迁往哥本哈根，因为伊莱克斯聘用他为全球营销主管。他的任务是帮助公司向"更具创业精神的方向"转变，满足客户的需求，而不是仅仅创造工程师想要的东西。

在接下来的两年里，他全身心投入到伊莱克斯的文化和面向客户的产品开发中，直到有一天他收到来自 Wascomat 的员工关于他父亲古怪行为的报告。让人烦恼的是，"我父亲正在把生意越做越糟"，而一个竞争对手正在私募股权投资的帮助下不断壮大，并给予其分销商更好的待遇。尼尔回忆说，竞争对手做了所有"我想做但没有能力做的事情"。

伊莱克斯对伯尼的业务停滞不前和越来越不专业的行为感到沮丧，他们不再有耐心，取消了伯尼的合同，提出半价收购这家公司。据尼尔说，当他回到美国时，他比以往任何时候都做了更好的经营准备。然而，首先，他必须确保他父亲不会贸然卖掉公司。

在父亲的要求下，尼尔接受了法律培训，参与了与伊莱克斯的谈判。由于每天都和父亲打交道，他意识到父亲患有痴呆症。伊莱克斯很快就发现尼尔在积极地破坏收购，双方的谈判在敌意中破裂，尼尔开始试图修补业务。一年后，当伊莱克斯提高报价时，尼尔又回到谈判中，再次阻止了出售，并获得了足够的时间来改造公司。回忆起那段时间，尼尔说："在这种生死存亡的关头，我的体重不断往下掉，我睡得很少。"再一次，尼尔成功地阻止了交易，但情况非常不好。他的雇员和分销商士气不振，伊莱克斯非常讨厌他，他的父亲十分愤怒且不愿见他。尼尔向他的母亲和兄弟寻求帮助，但他们拒绝向父亲求情，并认为这项事业已经失败了。"整件事就是一场灾难。"他回忆道。最重要的是，尼尔的妻子被诊断出患有乳腺癌，正在接受放疗和化疗，加重了家庭的压力。

尼尔获得的唯一支持是时间。作为伊莱克斯最大的商业洗衣店客户，他的父亲早在几年前就通过谈判达成了一项合同，在专营协议被取消后，他们店里的瑞典洗衣机可以被继续使用长达七年。尼尔把注意力转向了不让他父亲再次触碰决策权。他雇了警卫来阻止父亲进入大楼，甚至把办公室拆成了只剩光秃秃的墙壁和地板，还切断了电源和电话线。正如家人、朋友和律师预测的那样，他的父亲威胁要起诉他，甚至要杀了他。父亲的歇斯底里长达三个星期。然后，尼尔说："他精神崩溃了。一切都结束了，我赢了，但我手上有一个巨大的烂摊子，一个三年后就要到期的合同，就像一颗定时炸弹。"

2007年，尼尔接管了公司，但他意识到，"这里没有人能帮我，我必须自己捍卫它"。他告诉家里雇用的银行家和投资顾问（他们都被他父亲的古怪行为所困扰）他现在全权负责。他花了一年多的时间才掌握了与这项业务有关的所有银行账户。拥有Wascator商标的伊莱克斯公司向联邦法院提起诉讼，指控尼尔使用Wascomat属于商标侵权。尼尔的法律学位再次发挥了作用，这一次是为了在案件中协助他的律师。他"不停地工作"，一周中的每一天都要工作到午夜，"虽然我们的商标官司败诉了，但实际上我们赢得了这场战争。我全神贯注于搜寻证据，向律师们提供了大量的背景资料，差点推翻了他们的商标权，而伊莱克斯并没有亲自监督律师。"伊莱克斯也没为尼尔的激烈辩护做好准备，花费了五倍于尼尔的辩护费。"这毁了他们的季度业绩。我打算继续坚持上诉！"对于伊莱克斯这种上市公司来说，这种财务上的损失是极其痛苦的。

在这一过程中，尼尔对他的妻子满怀歉意，所幸最终妻子的治疗成功了。他压力很大，错过了儿子和女儿成长中的很多重大事件，他只关注公司。"这都是为了生存。"他解释说。专注是为了生存的机会。

尼尔开始向业界发出信号，他计划在没有伊莱克斯的情况下继续经营下去。为了彻底摆脱父亲的管理，他将公司更名为Laundrylux。他参加了伊莱克斯也参加的欧洲贸易展，并略带炫耀地参观了伊莱克斯竞争对手的展位，考察了用其他洗衣机进行替代的可能性。他投入资金改善公司的办公室和陈列室，雇用新的销售人员，增加广告投入，最重要的是，增加销售力度。"虽然我只有一份被终止的合同——空空如也的口袋,但我表现得大胆而自信。"

在公司扭亏为盈的过程中,尼尔意识到创业者在与上市公司的竞争中所具有的优势。他对伊莱克斯北美商业洗衣店负责人说:"伊莱克斯比我有更多的资源,比我有更多的钱、更多的工厂、更多的律师。你们什么都有,除了一件事——我比你们有更坚强的意志力。"尼尔意识到,作为创业者他可以在收支平衡的情况下经营自己的企业,也可以在合同到期后长期亏损的情况下经营。但没有一家上市公司的经理人可以承受长期亏损,因为那样会丢掉工作。然而,尽管尼尔很强硬,但他也足够聪明,可以给对手一个台阶下。"我想和伊莱克斯合作。"他告诉他们,"我们之间现在没有经销合同,未来我要么会成为你们在这个市场上的噩梦,要么是你们最有力的拥护者。你们可以选择。"

2009年,离七年期限只有不到一年的时间,尼尔接到了伊莱克斯意大利波德诺总部的电话,邀请他参观其新洗衣机,这些洗衣机将在下一年推出,那时他将不再与伊莱克斯有合同。尼尔几个月前就已经看过这些新洗衣机了,伊莱克斯也知道这一点,但他还是飞到意大利,尽职尽责地对产品表示惊叹不已,然后去吃了一顿事先安排好的晚餐。"所有的产品团队没有来,出现的是整个高层,大约12名伊莱克斯员工和我。"尼尔认识他们所有人,所以谈话很愉快,食物很美味,酒也很好。在主菜结束后的一段谈话中,尼尔高声说道:"那么,先生们,你们还有别的想法吗?"坐在桌边的高管清了清嗓子,回答说:"我们想知道能否和你达成协议。"伊莱克斯要求尼尔终止商标诉讼,并协商一份新的长期经销合同。

"我的心脏跳得比奥运会历史上任何一个跳高运动员都高。"尼尔回忆道,"我好像在玩德州扑克,虽然手里连一个对子都没有,但表现得很自信,就像手里有同花顺。我的专注和坚持使我濒临破产的事业恢复了生机。"尼尔已经让伊莱克斯感受到了足够的疼痛,伊莱克斯想叫停。同时,尼尔通过销售业绩的增长和市场营销,向他们展示了一条通向更光明未来的道路。"这就是他们和我真正想要的。"尼尔说,"我赞扬他们在非常困难的情况下做出了正确的决定。"

如今,尼尔为了保住一条利润丰厚的产品线而进行的七年斗争已经结束,他不得不立即将注意力转移到与哥哥达成一项公平的协议上,以获得对家族企业的完全控制权,同时纠正父亲在房地产规划和与国税局就公司欠税问题打交道时犯下的"大量错误"。"这似乎是一件没完没了的事情,但我最终都处理完了。"他又花了三年时间和哥哥友好地解决了所有的经济问题。尼尔没有在大获全胜后休息,而是又将精力重新集中在推动 Laundrylux 的发展上,包括在销售人员、培训和经销商关系上的重大投资、开发新型云计算软件解决方案以及在中国融资建立生产基地等。这恢复了公司作为行业创新和盈利领导者的声誉。Laundrylux 的收入和利润增长了一倍多,而且它的增长速度持续快于竞争对手。

这是一个惊人的故事。戈尔曼对三重专注的分析帮助我理解了尼尔的成就。首先，他知道自己对商业洗衣业的了解有足够的深度，以及他必须拯救家族企业（这是内在专注）。其次，他能够安抚他的债权人，恢复员工和经销商的士气，找出对手的弱点（这是对他人专注）。最后，他认识到了新一代懂计算机的顾客的需要（这是外部专注）。

但是，一个企业主在面临生存威胁的情况下，如何变得富有创新精神呢？这种创造力从何而来？戈尔曼给出了创新的解释：如今商学院会教授学生开发性策略（改进现有商业模式或技术）和探索性策略（寻找一种新的商业方式）的不同。他写道："一个新的策略意味着把现在的一切重新定位到一个新的侧重点。"研究表明，能够同时具备开发性和探索性的公司数量激增。但是，你如何在坚持已经取得的成果的同时，寻找一种更具创造性的方式来发展你的公司呢？我在2014年《神经科学前沿》学术期刊上的一些研究中找到了一个可能的答案。对参与探索性任务的经理和创业者的大脑扫描发现，创业者更倾向于创造性地思考，他们使用大脑前额叶皮质右侧的创造性区域。而传统职业经理人主要使用左侧的理性区域。[4]

不管怎样，对创业者来说，有趣的事情是：我们实际上习惯于另类思考，并且这种多重专注是可以学习的。根据戈尔曼的说法，神经科学家发现人类集中注意力的能力"就像一块肌肉运动的能力，用进废退，如果不常使用，它就会退化枯萎，如果使用得当，它就会蓬勃生长"。

注释

1. UBS and PwC, "UBS/PwC 2015 Billionaire Report" (2015), http://www.pwchk.com/en/migration/pdf/billionaire-report-2015.pdf.
2. Daniel Goleman, *Focus: The Hidden Driver of Excellence* (New York: HarperCollins, 2013).
3. Neal Milch, interview (June 10, 2016).
4. Daniella Laureiro-Martínez, Nicola Canessa, Stefano Brusoni, Maurizio Zollo, Todd Hare, Federica Alemanno, and Stefano F. Cappa, "Frontopolar Cortex and Decision-Making Efficiency: Comparing Brain Activity of Experts with Different Professional Backgrounds During an Exploration-Exploitation Task," *Frontiers in Human Neuroscience* (January 22, 2014). One of the authors, Maurizio Zollo, summarized the research in an MIT blog: http://mitsloanexperts.mit.edu/the-innovative-brain-maurizio-zollo/.

THINK
BIGGER

第 21 课

好奇心激发创造力

这些年来,我逐渐明白,推动我一直参加 Tiger 21 小组会议的内在动因来自一种终身学习热情,这也是吸引许多其他人加入我们组织的原因之一。据我们的许多小组会议主席说,正是成员们的高度好奇心使他们感到自己的工作如此有价值且有趣。"他们属于那种终身学习者,他们发自内心地对与志同道合者的伙伴关系感到好奇并享受这种关系。"克里斯蒂安说,他是我们在达拉斯和奥斯汀的小组主持人,也是我们在波多黎各的小组联合主席,"当你在一个房间里与一群令人惊叹的成员合作时,你真的可以创造出一些非常有价值的东西。"[1]

我几乎在每一次 Tiger 21 小组会议后都会收获一份新的推荐书

单,以至于每年我都会有一份很长的未读书单。这是因为我们的成员中有很多学者和知识分子吗?恰恰相反,尽管我们有博士、工商管理硕士和法学博士,但学者所占的比例并不高。

我敢肯定,你会有一些在学术上很成功的亲朋好友,但通常他们只关心自己的专业,从来没有对你的职业或者对你毕生工作的公司表现出任何好奇心。相反,在我们的成员中,往往是那些教育背景最差的人有着最旺盛的好奇心,他们高度热衷于自我学习。一位退休的纽约投资银行联席主席从未上过大学,但他对历史和神经病学的了解赶得上许多专家。他也有相当的"街头智慧",可以管理数以百计的资深交易员,这让他能从很远就嗅到不妙的气息。

对于许多成员来说,Tiger 21 的会议是他们唯一远离商业、家庭和慈善活动的机会,可以在一群好奇的同龄人中培养好奇心。一位长期成员说:"我花一整天和 12 个伙伴在一起,他们有着不同的背景、不同的经历,每次会议都给我的大脑带来了不同的刺激。记住,他们不是随随便便的 12 个人,平均来说,他们中的每一个人都对商业世界的某些部分有深刻的理解,在某些情况下甚至比世界上任何其他人都要好。"[2]

天生的好奇心通常是创业者能够看到别人看不到的潜在业务的关键因素。这种好奇心也驱使一个企业的创始人想出创新的方法来战胜竞争对手,并且成为亿万富翁。根据瑞银和普华永道关于亿万富翁的联合报告,"好奇心是我们遇到的白手起家的亿万富翁的核心技能。这一点不断促使他们寻找未被满足的客户需求,从而创造重大商机"。

对我来说，好奇心确实把我拉向了某个永不放弃的方向。十几岁的时候，我就梦想着创办自己的房地产公司。二十几岁的时候，我专注于发展我的第一家公司。我有机会观看了以色列人在沙漠中进行的一些关于太阳能的早期研究，开始对这种新型能源着迷。采用这种替代能源来减少美国对石油的依赖，占据了我想象空间中的一个很大的角落。几年后，我突然想到了一个太阳能装置的想法，这个装置有一个厚飞盘那么大，可以给灯或者相机供电，又或者可以开启一扇大门。几周后，我碰巧收到了一份邀请，去佛罗里达州一家太阳能户外照明系统的首创公司参观，然后我忍不住投资了。

在接下来的25年里，我持续投资这家公司，因为我相信太阳能户外照明在道路、小径和停车场最终会比电网照明更便宜。太阳能户外照明与太阳能及其他替代能源的应用不同，经济性并不像你想象的那样与电力成本相关，因为真正节约的是安装成本。有了太阳能户外照明，你就可以避免挖沟和铺设电线的所有费用。当然，太阳能发电不是慈善事业，在投资那家公司25年后，我把它并入了一家附近的大公司，而我现在是这家大公司的董事长。

我将把我创业的社会价值留到最后一部分（第39课），比如，我对太阳能的投资让我成为一个致力于可持续发展的创业者，我努力减少美国（以及全世界）对化石燃料特别是煤的依赖，同时与气候变化做斗争。

Tiger 21也是我好奇的结果。我早就想知道，是否有一个组织能提供给我这样的创业者一个场所，帮助我从其他世界级的投资者那里得到客观建议，毕竟他们已经经历了从创业者到财富保管者的旅程。然而，我发现并没有这样的组织，所以我召集了一些华尔街的专业人士和其他创业者组成了一个小组，他们也卖掉了自己的生意获得了一笔钱，我们决定开始定期会面。

我不断听到关于好奇心巨大威力的故事。尼尔·米尔奇（第20课）在减价出售中拯救了家族企业并让它重现辉煌，他本可以坐下来数钱。[3]但相反，他开始思考如何将自己的公司带入互联网时代。他注意到有一批新人进入这个行业，但他们不想投入资金购买商用洗衣机，于是和他们探讨了租赁自己的洗衣机给他们的可能性。这个天才的想法将一家商业洗衣店改造成一家公用事业公司，你可以按需付费，就像用电或煤气一样。"我发明了将洗衣设备连接到云端的全新概念"，尼尔对自己开创了一项科技业务感到相当惊讶。

通过关注行业外发生的事情，尼尔设想出一种全新的商业模式，其技术和算法不仅可以跟踪使用情况，还可以监控机器，并提醒公司进行维修。尼尔组建了一个团队，在洗衣业这一古老的行业中开创了另一番事业，顾客也闻风而来。

是的，创业者需要想法，他们需要激情，他们需要自信和勇气来维持他们的生意。但要想发展一家公司并在竞争中脱颖而出，你需要吸引买家的眼球，或者像许多 Tiger 21 创业者所做的那样开创第二家或更多的公司，你必须展示出一些想象力。想象力帮助你弄清楚如何更好地为客户服务，创造新的客户和新产品，甚至新的产品类别和商业模式。这就是好奇心作为一种商业工具可以调整增长战略的威力所在。

如何利用好奇心呢？我建议你从问自己一些关于自己业务上的棘手问题和未来愿景开始：有什么服务是客户需要什么但你没有提供的？你如何让你的生意更上一层楼？你需要改变你的商业模式吗？你需不需要请人来帮助你？正如硅谷传奇创业者安迪·格罗夫（Andy Grove）为他的书命名的那样——只有偏执狂才能生存。如果你不是一直在试图找到一个更好的方法来做生意，那很可能你已经落伍了，而且可能永远也赶不上了。

注释

1. Chris Ryan, interview (July 12, 2015).
2. UBS and PwC, "UBS/PwC 2015 Billionaire Report" (2015), http://www.pwchk.com/en/migration/pdf/billionaire-report-2015.pdf.
3. Neal Milch, interview (June 10, 2016).

THINK
BIGGER

第 22 课

✧

想得更大些

当你问 Tiger 21 小组中的创业者他们是如何取得成功的,他们通常会耸耸肩说:"我只是很幸运而已。"[1] 我也会如此回答。但如果你真的创建了一家伟大的公司,你的成功就不仅仅源于幸运了。我写本书的原因之一就是要找到一个更好的答案,用来解释伟大的创业者与其他人的区别。

来自华盛顿特区的卡尔·西蒙斯(Cal Simmons)说:"他们总是想再做一笔交易,再开一家分店,再往上走一步。而其他大多数人都满足于眼前的一小步。"

我经常向卡尔寻求建议,作为一个成功的创业者,他连续创建并卖掉了两家公司,同时以投资者的身份拓展业务,对创造财富有着独特的见解。他是一个典型的创业者、一个中产阶级出身的白手起家的人、大家口中的"别人家的孩子"、一个优秀的网球运动员和收费教练。大学时，他开了一家出版公司。毕业后，他创建了华盛顿网球服务公司（Washington Tennis Services），该公司会安排和职业教练在室内网球中心的课程，并收取管理费。三年后，公司在30个州都有稳定合作的职业教练授课。最后卡尔卖掉了公司，他那时年仅25岁。

"做生意似乎对我来说很容易。"他解释道。在涉足房地产和出版业一年后，卡尔想，他可以通过开一家旅行社，将自己对旅游的渴望与对商业的热爱结合起来。他在一个繁忙的街区租了个地方。"六个月后，我开始赚钱了"，他回忆的时候仍然对这一切感到惊奇。

一天，一位朋友兼导师路过他的公司对他说："卡尔，我知道乔治敦有一个地方，你可以在那里开第二家店。"当时卡尔对眼前的生意规模很满意，这就是他当时雄心壮志的极限。但他的朋友鼓励他："你可以成十倍地扩张。"卡尔回忆说："如果没有这句话，我可能永远不会偏离我的主航道。但当我开第二家店的时候，我立刻想到了第三家、第四家和第五家。"在传统的旅游中介行业里，卡尔找到了一种方法让自己从竞争中脱颖而出。"当别人对一项业务感到满意时，我想要十项。"

不到六年，卡尔就有了10家分店。"我成了旅行社专家卡尔·西蒙斯。"23年后，他卖掉了这家公司，但他仍然眷恋着旅游业，于是又创办了一个专门从事奢侈品旅游的网站。四年后，当他卖掉这个网站时，这个网站的价值已经超过了之前他经营了20多年的那家实体公司。

从大多数方面来看，卡尔是一位非常成功的创业者和投资者，但按他自己的标准，还不算太成功。"我认为真正成功的人和Tiger 21的普通成员之间的最大区别在于，前者的想法更大。"

卡尔启发我发现了一个把伟大的创业者与其他人区分开来的关键因素。与大多数为公司设定合理目标然后一步一步实现目标的商业领袖不同，伟大的创业者设定的目标可能是未来10年或20年的。而在周围的大多数人看来，这似乎是一种幻觉。管理大师们过去常常推荐这样的长期目标——宏伟、艰难和大胆的目标㊀，用来激励员工或给他们一个终点线。[2] 传统的CEO们却不敢设定这样的目标，因为这些目标会吓坏董事会或股东。创业者们没有这样的约束，他们是自己戏剧的绝对主角，他们只对自己的愿景和想象力感兴趣。

遥远可能性所在之处，才有真正的财富：在这样一个世界里，每一个家庭都将有一台个人计算机；任何人都可以通过互联网购买任何书籍（或任何其他东西）；你可以通过点击网页获取世界上的所有信息——这就是微软、亚马逊和谷歌的创始人敢去想的事情。可以肯定，他们的家人和朋友都曾经认为他们是疯子。

很多创业者虽然不是计算机或编程天才，但也可以通过低技术含量的产品创造数百万美元的价值，比如"五个人"（Five Guys）的汉堡和薯条。

㊀ 原文为BHAGs（big, hairy, audacious goals）。

你可能听说过"五个人",甚至可能去过它在加拿大的某个牧场,但你可能不知道的是,这家公司背后有着21世纪美国最伟大的成功故事之一。1986年,杰瑞·穆雷尔(Jerry Murrell)在弗吉尼亚自己的家中有了创建这家公司的想法,那时他的工作是销售债券。当时,他两个年长的儿子不想去上大学,杰瑞和妻子詹妮以不同寻常的方式展示了家庭的团结,他们提出把两个男孩的大学学费投资于一家汉堡和薯条外卖店。这个灵感来自马里兰州海洋城的一家摊位,那里只卖美味的薯条,摊位前总是排着队。[3]

杰瑞和他的四个儿子刚好五个人,所以店名叫作"五个人"。他们的首要任务是保证食物的质量,商店的内部设计就能省则省地只用红白相间的瓷砖。杰瑞解释说:"我们不想在装饰上浪费钱,但我们在食物上十分舍得投入。"这意味着优质的牛肉、手工制作的汉堡、17种配料,以及每天早上新鲜出炉的烤面包。仅仅为了选出最好的蛋黄酱,穆雷尔夫妇就测试了16种。

很快,顾客们就回应了杰瑞的良苦用心,"五个人"被票选为华盛顿都市区最佳汉堡店。20世纪90年代,默雷尔家又生了一个儿子,杰瑞想得更多更大了——每个儿子都得有一家店。

然而,他年纪大一些的儿子们已经开始考虑更大的问题了。"我的孩子们从一开始就想出售特许经营权。"[4]他回忆道。但是银行怀疑一家弗吉尼亚地方汉堡店如何能与麦当劳和汉堡王竞争,所以不愿向他们提供30万美元的贷款用以扩张带座位的餐厅。2002年末,杰瑞在华盛顿特区只有五家店。为了扩张生意,他极不情愿地同意了出售餐厅在弗吉尼亚州和马里兰州的特许经营权。[5]在接下来的18个月里，杰瑞卖出了超过300个特许经营权给其他商家。今天，"五个人"已经在美国和加拿大有超过1000个特许专卖店，还有1500个正在建设中。

我不是"五个人"的投资者，但卡尔是，尽管他差点错过机会。当公司开始特许经营时，卡尔得到了一个州的特许经营权，但他放弃了。后来又给了他一个州的特许经营权，他又放弃了。"当我清醒过来时，全国大部分地区的特许经营权都卖光了。"他最终购买了在另外两个州开设特许经营店的权利。他感激地说："这贡献了我现在净资产的一半。"但卡尔仍然对自己的职业生涯持怀疑态度。"我看到像杰瑞这样的同龄人建立了庞大的企业，有时会想，如果我只专注于一件事，我是否能把它做得更大呢？"加入Tiger 21吧，卡尔。

如果你不想加入我们这个"事后诸葛亮"俱乐部，可以停顿一下，重新评估你的梦想和商业计划，只问自己一个小问题：我应该考虑得更大些吗？

注释

1. Cal Simmons, interviews (December 2, 2012, and February 1–4, 2015).
2. BHAG seems to have been first coined by Jim Collins and Jerry Porras in *Built to Last: Successful Habits of Visionary Companies* (New York: HarperBusiness, 1994).
3. Liz Welch, "How I Did It: Jerry Murrell, Five Guys Burgers and Fries," *Inc.* (April 1, 2010).
4. Ibid.
5. Ibid.

THINK
BIGGER

第 23 课

谨慎接受来自朋友和家人的投资

对创业者来说，没有什么比资本更重要了。但和损失钱财比较起来，失去你所爱的和尊敬的人肯定会让你感到更尴尬、更悔恨。在你第一次创业时，人们可能对你期望不大。但一旦你已经是一个成功的创业者了，人们在与你一起投资的时候，就会抱着很大的期望。请小心，把金钱与人际关系联系在一起可能会带给你痛苦和风险。

在我职业生涯的大部分时间里，我没能守住纪律去拒绝那些想投资我的朋友和家人。通常，我都想帮他们一个忙，大家一起赚钱。但如果生意失败，让亲朋好友对自己的投资负责可能是一个巨大的难题。

很多时候，一个成功的创业者让你投钱是因为他想成为一个英雄，而不是因为他笃定生意一定能成功。如果你发现自己也会这样做，那么这就是一个明确的警告，表明你的兴奋让你看不到真正的风险。

我花了30多年才学到这一课。那是在2016年10月中旬，当时我正准备购买一组照片，这些照片的潜在收益不可估量。这似乎是一个不对称的机会，就是我喜欢的那种——收益上不封顶，损失却相对较小。我和一个非常亲密的朋友（他也是一个持续创业者）分享了我对这桩交易的兴奋感。

在我们30年的友谊中，安迪和我都持续投资于对方。但我相信我们都觉得自己从来没有被分享到对方最赚钱的生意，尽管不清楚这是为什么。不过，当我告诉安迪这桩交易可能以150万美元的投入获得500万甚至1000万美元的收益时，安迪很好奇："你为什么不分10%的份额给我投资呢？"我告诉他我会考虑的。

在我完成了这桩让我非常伤脑筋的交易后，我得出结论，这桩交易的风险比我原先预期的要大得多，它的实际价值可能还不到150万美元，即使估值有可能为500万～1000万美元（这是我在一些有风险的交易中经常遇到的状况）。三个星期以来，我一直在为是否接受安迪的投资而苦恼。交易的风险比我想象的要大，把他带进来会更复杂，因为如果有一个外部合伙人，我必须建立一套单独的账簿来跟踪成本。更重要的是，我不能与我最信任的朋友分享交易的进展或失败，我可能会觉得有必要过滤我们的对话。如果我的投资失败了，我们的关系会受到怎样的影响呢？最后我给他回了电话，告诉他我太珍视我们的友谊了，不能在这样一笔风险很大的交易上冒险。

但我仍然不确定我做得是否正确，所以我做了我经常做的事情：当面临一个困难的决定时，去寻求Tiger 21成员的建议。这个问题出乎意料地触动了大家的神经，大家的回答很矛盾。正如一位成员所说："与朋友和家人分享好机会，到底是我的义务，还是一个可怕的想法，我在这两者之间经常摇摆不定，因为投资失败绝对会损害亲情和友情。"另一位成员则说："我见过合作投资成功的交易，但也见过失败的交易破坏家庭关系。"其他一些成员则说，他们已经因为这种投资而与朋友或兄弟姐妹关系破裂。他们的回应让我想起了许久以前的一桩悲伤的往事，那次失败的商业交易让我失去了一段长期的友谊。

在随后的交流中，两位成员坦言，他们发现很难回避这种事，因为如果没有从家庭成员那里得到的资金，他们永远不可能启动创业。"一开始我别无选择。"波士顿集团的软件工程师罗伯·弗莱施曼（Rob Fleischmann）回忆道，他在毕业后不久创办了自己的第一家公司。"当时我还是个年轻人，只有自己的体力可以出卖。除了家人和朋友，还有谁会给你钱投资呢？"[1]

弗莱施曼接着创建了8家专门从事互联网基础设施的公司，协助美国电话电报（AT&T）、时代华纳（Time Warner）、康卡斯特（Comcast）、英国电信（BT）和沃达丰（Vodafone）等大公司扩大其在线业务，最后他成功退出了初创公司。他说："对于家人和朋友的投资，我的建议是，尽可能不要接受。有钱人投资会看风险，而家人和朋友会因为爱你而忽视风险。"

罗伯特·奥林杰也直言不讳地说，如果没有岳父的帮助，他可能永远不会成为一名创业者。这一背景使他容易接受和朋友一起投资。某次他邀请一位大学时代的老朋友投资5万美元到一项与糖尿病相关的生意中，但是最后血本无归了。此后奥林杰在推销他的新项目时变得极其谨慎。他回忆说："那是我第一次请老朋友投资，但那是一场灾难。事后我想给他开一张支票，或者为他投资一笔未来的生意。"[2] 但他那位老朋友，同时也是一位成功的律师，拒绝了他。"你不需要这么做，我是个成年人。"于是奥林杰停止为此道歉，但他从未停止思考。他说："这件事总是萦绕在我的脑海里，我总是觉得欠了他一笔债。"

另一位成员罗伯特·克莱默（Robert Kramer）则透露了一个重要的参考点，可以帮助决定是否让熟人参与交易。"我和朋友在一起比和家人在一起更自在，这可能是因为我采用了'成年人法则'。"他会接受那些"经验丰富、了解风险并愿为此负责"的朋友的投资。[3]

奥林杰制定了一套更加严格的规则。在接受采访时，他正在审查与他合作的一家新公司的潜在投资者。他解释说："我根据两个标准做出判断——他们对新公司的价值，以及公司对他们的价值。"这意味着高净值人群，他们不仅对这家新公司想要解决的问题（一种现在无法治愈的疾病）充满热情，还理解这是极其冒险的事业。"每一个决定都很痛苦，"奥林杰说，他清楚地意识到，有些人肯定会对被排斥感到恼火，"但我正在寻找能够承担巨大风险的人，而这不是每个人都能做到的。"

每个人都认同投资者必须了解风险，但通常情况下，家人和朋友跟随成功的创业者或合伙人参与交易，却并不了解相关的风险和商业前景。他们认为一个曾经成功的创业者一定会继续成功，所以他们会被失败所震惊。这使得创业者或合伙人处于不公平的境地，他们担心如果投资失败，自己作为主要投资者不仅将承担自己的损失，还要被迫弥补跟投人的损失。

如果你忍不住要带上朋友和家人，确保他们清楚地意识到风险，并且承担得起。埃里克·西尔弗曼（Eric Silverman）目前的业务中有"数百名投资者"，"其中有一百名是私人朋友"，他确保自己对他们完全坦诚。[4] 这是他从投资朋友的生意中学到的一课。在过去的几年里，"我见识了机密的起诉事件、不称职的员工、欺诈性的交易，以及一些老套的贿赂。然而我学到最多的是，了解和衡量风险的前期工作对一项生意来说是不可或缺的"。埃里克经历过最大的一起投资失败给他上了不可磨灭的一课。他说："我必须明白，当朋友们信任我并投资给我时，他们会期望我非常谨慎地对待这门生意。谨慎程度要超过他们的其他投资。"这一切并不能保证生意一定成功，但它让我专注于诚实。

令人欣慰的是，我的许多创业者伙伴都同意，对于善良体面的人来说，没有什么痛苦比得上让朋友和家人跟着自己赔钱。对我来说，虽然我从本心上不会因为希望得到朋友的支票而把他带进某个生意，但我怀疑我是否能够完全抑制这种冲动。开始一项新的事业总是令人兴奋的，会让你忍不住去分享，但它可能应该是一个孤独的追求过程。在我作为一名创业者的职业生涯中，我很感恩有一些朋友非常尊重我的能力，愿意投资于我，虽然他们知道某项生意不一定会成功。

如果你也忍不住把朋友和家人带进生意，那么"成年人法则"是必需的。有意思的是，我的最佳投资拍档碰巧是一位女士，一个参与过我很多生意的好朋友，一起成功过也失败过。我最欣赏她的地方是她无止境的热情和支持，以及她接受损失的方式：没有责备和怨恨。这一切让我想为她取得更大的成功。

有时候宁可谨慎也不要冒险。朋友和家人可能会因为没有从你的成功中获益而感到恼火，但当他们得知自己规避了你的某次重大损失时，肯定会松一口气。我以罗伯特·奥林杰的一句话作为本课的结尾："是的，你可以接受朋友和家人的投资，但千万记得多加考量。而如果你被他们当作唯一的以小博大的赌注，那么记得快跑！"

注释

1. Robert Fleischmann, interview (July 7, 2016).
2. Robert Oringer, interview (July 21, 2016).
3. Robert Kramer, interview (July 9, 2016).
4. Eric Silverman, interview (July 9, 2016).

THINK
BIGGER

第 24 课

不要高估你的公司

对雄心勃勃的年轻创业者来说,面对家人和朋友的压力与日俱增,这背后是我在初创公司领域注意到的一个新现象。不久之前,10亿美元级的初创公司简直就是神话级的公司,被称为"独角兽"。现在,《财富》杂志会持续更新一份记录估值超过10亿美元的民营公司的排行榜。我上一次查看时,共有174家公司,前10家中的美国公司有:Uber、Snapchat、Pinterest和SpaceX。[1]

其结果是,年轻创业者往往在估值方面走得过快,这可能会让投资者感到困惑和愤怒。这里的问题在于:以前当我作为一个只有一个好创意的创业者时,如果能找到一个愿意拿出 50 万美元(或更少）购买 50% 股权的人，我就自认为很幸运了。如今的年轻科技创业者迷恋"独角兽"，为一个同样的创意，就希望估值达到 1000 万美元甚至更多。最近，一位相信自己将征服能源世界的创业者请我投资一个他希望估值 500 万美元的创意。那的确是个好创意，但对于一家 6 个月前才把 33% 的股权卖了 15 万美元的公司来说，500 万美元的估值似乎有点离谱。

平心而论，最近我学到的一件事是：世界不是圆的。我的意思是，不是所有的事情都是理性的，有时碎片不容易拼凑在一起解决一个谜题。有可能这家公司的两位创业者将解决世界能源危机，并赚到数十亿美元。但他们的过度自信所带来的过度高估令人深感忧虑。是的，我在 25 岁的时候也有过这样的经历，但正如我在本书中对其他人的评论，导师的好处就是可以让年轻创业者学会谦逊，这通常是他们所缺乏的。

最近一些公司的首轮估值令人震惊，甚至对专业投资者来说也是如此。让我们来看一下 Y Combinator 投资的初创公司近期的平均估值变化。Y Combinator 是为有前途的科技创意提供建议和种子资本的新技术孵化器。据报道，在 2015 年，Y Combinator 投资的 500 家初创公司的平均估值为 640 万美元，[2] 我相信这比几年前贵了大约一倍。诚然，这是一批特殊的初创公司：它们必须经过很多轮考验，才能从每年数千份申请中脱颖而出成为幸运的 100 家公司之一。如果 Y Combinator 的团队认为你的想法足够好，他们会投资 12 万美元获取你公司 7% 的股份，然后其他投资者也会效仿而投资。因为有了 Airbnb、Reddit 和 Dropbox 等杰出的案例，风险投资家们会密切关注 Y Combinator 选择的公司。

当一个年轻人认为自己的公司价值 1000 万美元，并向朋友和家人寻求资金时，他们不太可能对这种估值提出任何深度的质疑，因为对于业余投资者来说，结果似乎只是二元的：这项业务要么会取得巨大成功，要么会迅速失败，而无论是哪一种情况，价值都不是关键。他们只是想帮助从加利福尼亚州理工学院毕业的聪明侄子，或是从斯坦福大学计算机科学专业硕士毕业的好朋友的女儿。假设朋友和家人总共投资了 100 万美元，公司得以成立并且发展迅速。这位年轻的奇才启动了下一轮融资，再次求助于朋友和家人，又融了 200 万美元。这家公司做得很好，现在的估值是 2000 万美元。但请注意，实际上它可能一件东西都还没有卖出去，产品甚至可能还没有完成设计，但大家都认为成功是水到渠成的。

到那时，公司发展势头良好，创始人出去争取第三轮融资，可能是 300 万美元或更多，并预期 3000 万～5000 万美元的估值。由于资本需求不断增长，是时候向专业风险投资家或私募股权公司寻求投资了。专业人士对此印象深刻，他们会说："这是一个伟大的创意，它价值 1000 万美元，也许 1500 万美元。"这种情况经常发生。专业投资者使用久经考验的模型来评估风险，几乎总是得出比乐观的创业者更低的估值。突然间，公司创始人面临着一项令人不快的任务，就是向亲朋好友报告这次估值的降低。对创业者来说，即使有对估值降低的保护措施，对亲朋好友报告坏消息依然是个非常艰难的任务，这会让大家降低对自己的信心。他们会问："毕竟我们已经取得了这么大的进步，但最新的估值为什么只有我们上次的一半？我们已经努力地改善产品和运营了呀。"答案很简单：创始人和他的亲朋好友们太天真了，他们一开始就对公司的真正价值一无所知，因为他们的主要目标只是让公司成立，他们没有经验或能力真正评估投资中固有的风险。

坏消息可能会影响投资者关系，但对员工士气的损害可能更严重，因为最近聘用的持有高价期权的员工将不约而同地开始考虑逃离公司，在外寻求更好的机会。最后公司只会剩下最差的员工，因为他们无处可去。

在我看来，解决办法很简单：当你开始为新公司筹集资金时，你可以梦想建立一家"独角兽"，但要寻找你真正需要的资金，以更温和的条件启动你的初创公司，保持它的增长，以向专业投资者证明你会成为一个大赢家。最后，只有能产生利润的公司才能成功。

尊重你的投资者会建立一种相互之间的信任，这种信任会让你终身受益。而贪得无厌会让你一辈子闭门造车（虽然我一再看到有些投资机构执着于拿钱打水漂）。是的，让投资者意识到你对自己的创意充满热情很重要。但是，如果你表现出谦逊的态度，试着考虑投资者的风险，尝试着让你的公司盈利，就会更加吸引别人投资于你的创意，并且在未来继续这样做。

总结一下：高估自己的公司是一个常见的新手错误，这不仅会危及你与朋友和家人的关系，还会引起专业投资者对管理团队（也就是你）能力的质疑。

注释

1. "Unicorn List," *Fortune* (January 19, 2016).
2. Tess Townsend, "Dave McClure Braces for Startup Valuation Drop," *Inc.* (February 12, 2016).

THINK
BIGGER

第 25 课

量入为出

富人通常都非常节俭。有时我在非常成功的巨富身上能看到让人目瞪口呆的吝啬，因此我意识到节俭是创业者非常重要的特质，这根植于他们的自律能力。（这一点你在富二代或者富三代身上很难看到。）

几年前，我去了华盛顿特区，和当地 Tiger 21 的主席卡尔·西蒙斯（第 22 课）会面，卡尔迟到了。"对不起。"他一边说，一边冲进房间，"我就是受不了 20 美元的代客泊车费。我开车到处找空的计费停车处。"

"为什么这么节省？"我问，心想他是否知道我们每一次的会面时间有多宝贵。

"我在一个用储蓄罐存钱的家庭长大。"他解释说,"我不是唯一的例外,我们组的许多人为了赚钱而拼命工作,以至于我们真的不愿意花钱。"[1]

卡尔让我想起了一些很容易被忘记的关于 Tiger 21 成员的事情。如果你问:"这个房间里谁是中产阶级?"大多数成员都会举手。没有人在寻求同情,但我们的大多数成员都是白手起家的人,他们的心理状态仍然源于穷人、工人阶级和中产阶级的背景。

乔治·海泽尔(第 2 课和第 5 课)天生节俭。他父亲经营着一家家族企业,直到卖掉那家企业,他一直很节俭。乔治没有从家庭的这笔意外之财中分到一分一毫,但他并不感到惊讶。他父亲总是对儿子特别吝啬,他让儿子从 12 岁就开始兼职,每小时付给他一美元。"他没有给我任何搭顺风车的机会。"乔治说,"我在其他成员身上也看到了这一点,他们不一定拥有富足的童年。"[2] 我也见过许多成员(包括我自己)在青少年时期就开始工作。他们渴望成功,很快就学会了赚钱。你经常需要钱,而穷人甚至中产阶级背景的人积累足够的资本来创业和发展企业的唯一方法就是存钱。

"人们没有意识到一家成长中的公司需要多少现金。我真的很节俭,我把自己的工资降到最低。我们租房子,我妻子经常问我什么时候买房。她不是想住在豪宅里,只是想拥有自己的家。"乔治笑着回忆,"但我最终说服了她。"

即使取得了一些成功,公司创始人还是会依靠自己的节俭为可能的风险做准备。"许多公司之所以失败,是因为手头没有足够的现金来应付捉襟见肘的日子，"乔治解释道，他回忆起自己发展公司的那段时光，"有很多捉襟见肘的日子。"

乔治最危险的一次经历发生在2006年，当时医疗保险公司来敲他的门，要求对其公司的保险索赔进行预付款审查。当时，销售医疗设备的公司很容易获得医疗保险服务商的认证，但为了降低成本并确保公司不会欺诈获利，根据法律授权，保险公司有权要求对投保方进行预付款审查，过程可能长达数月，这会导致公司产生现金流问题，很多公司都因此关门大吉。乔治说："如果我平时不注意开源节流，我的公司就活不下去了。"

然而，许多创业者最终拖延满足太久，以至于即使到了能花得起钱的时候，他们也不会花。这对许多富人来说是一个讽刺。"我仍然为此感到苦恼。"卡尔说。他承认，当他和家人去度假的时候，他坚持坐长途汽车的这种偏执让妻子抓狂。"但让我的孩子坐长途汽车却很重要。如果我给十几岁的女儿买一张头等舱的票，我父亲会气得从坟墓里爬出来。"这些年来，他制定了各种策略，并试图每年进行多次家庭旅行，以确保妻子和孩子能享受到他几十年辛勤工作的成果。

我并不感到惊奇，仍有相当一部分Tiger 21成员享受在出差时住平价连锁酒店，驾驶他们的汽车五年或更长时间。

心理学家已经注意到了这一现象，并且我很高兴能为他们提供研究机会。詹姆斯·格鲁布曼（James Grubman）是一位心理学家，与一些富裕家庭密切合作了25年。他曾在我们的小组和年度会议上做过演讲，他说，多年来的调查证实，"75% ～ 85%"美国最富有的人表示"自己在较差的经济环境（比如工人阶级或中产阶级家庭）中成长并获得了财富"。[3] 格鲁布曼和他的同事把这些人视为"财富之乡的移民"。

像所有移民一样，他们必须学会适应一种新的文化。对他们来说，正如格鲁布曼在他那本引人入胜的书《天堂的陌生人：家庭如何跨代适应财富》（*Strangers in Paradise: How Families Adapt to Wealth Across Generations*）中解释的那样，"财富带来新的文化、新的习俗和新的责任"。[4] 最重要的是，这些来到富饶之地的新移民常常被失去一切的恐惧所困扰。

"省一分钱就是赚一分钱"不仅是一句老话，还是一种明智的商业策略。另一种说法是，大多数通过长期积累才成功的创业者只愿睡得香，而不愿吃得好。

注释

1. Cal Simmons, interviews (December 2, 2012, and February 1–4, 2015).
2. George Heisel, interview (July 14, 2015).
3. James Grubman, *Strangers in Paradise: How Families Adapt to Wealth Across Generations* (San Jose, CA: Family Wealth Consulting, 2013).
4. Ibid.

THINK
BIGGER

第 26 课

把失败视为成功之母

写我的导师戴维·弗罗默的故事让我对创业精神有了一个新的见解:最好的创业者会看到别人没有看到的机会,然后紧紧抓住机会。是的,这就是对戴维最精确的描述。

我无法像写一份职位描述那样来涵盖我和戴维合伙所获得的一切。事实上,如果有人试图写这样一份文件,我也会立即拒绝。戴维的风格和工作习惯与我眼中的成功人士不符。例如,你越努力工作才能越成功。但戴维恰恰相反,他不会花很多时间在办公室。

但是戴维走进了我的生活,给了我和他一起工作的机会。我曾经和他一样年轻,充满朝气,而又与众不同,我有幸认识到这个机会并抓住它。我在本书中讲的许多故事都展示了人们认识机会的能力。不管是在一场房地产讲座上,在几家失败的连锁餐馆身上,还是在一份新颖的商业计划书中,创业者总能在意想不到的地方发现机会。事实上,创办一家成功企业的机会甚至可以从一场失败里出现,这就是弗兰克·罗德里格斯(Frank Rodriguez)的际遇。

1921年,弗兰克从哈佛大学法学院毕业三年后,在他南佛罗里达州的故乡的一家公司做助理。他经常在附近的一家三明治夫妻店吃午饭。一天,那对夫妻向他征求关于注册一家公司的建议,弗兰克让他们第二天去他的办公室。第二天会面时,那对夫妻问他注册一家公司要花多少钱。在参考了公司里一位更资深的职员的建议后,弗兰克给他们报了850美元,相当于今天的2500美元。三明治店的老板听后立刻朝门口走去。"你们为什么要走?"弗兰克问。他们盯着他说:"我们不喜欢被人敲诈。"

在震惊消退后,弗兰克意识到他的客户的决定是正确的,这让弗兰克认识到,小企业主普遍需要一个聪明年轻但收费便宜的公司律师,他有机会在这个领域大展身手。于是弗兰克离开了公司,创立了 Corporate Creations,开始以相对合理的价格为小企业提供注册服务。弗兰克的公司专注于提高客户满意度,最终成长为全美第三大注册代理和合规服务提供商,名列《财富》1000强、福布斯全球2000强,拥有成千上万的客户。弗兰克也跻身美国前500名拉美裔创业者之列。

我曾经亲身体会过把一个机会变成一家成功企业的巨大满足感,但那些创业者的故事仍然让我感到惊讶。他们通过创造自己喜爱的产品创办了公司，然后继续打破现状，寻求创新，将他们的业务带向一个新的更有利润的方向。彼得·洛贝尔（Peter Lobel）在他的翠贝卡烤箱公司（Tribeca Oven）做到了这一点，这家公司新鲜出炉的小批量面包几十年来一直是纽约顶级餐厅和特色食品店（如当地的地标 Zabar's 商店）的主食。

然而大多数纽约人不知道的是，这家本地手工面包公司是一位津巴布韦人的创意。彼得在 20 世纪 80 年代末搬到了纽约，就在搬来的几个月前，他的国家在经历了长达 8 年的游击战争和国际孤立之后，终于脱离英国获得了独立。津巴布韦的政治和经济前景堪忧，当时 28 岁的彼得决定不再徘徊而径直前往纽约，"在狮子嘴巴里"测试自己的生存能力。[1]

20 世纪 80 年代，纽约人开始热衷于乡村手工面包，彼得从中看到了实现自己美国梦的机会。甚至可以说，他生来就是为了这个。

1946 年，彼得的父亲和叔叔在当时的罗得西亚㊀开了第一家自动化面包店，把洛贝尔的名字（这个名字代表的家族最初来自保加利亚）变成了这个国家最受欢迎的面包、饼干等烘焙食品品牌之一。带着父亲的食谱，彼得在美国纽约上东区开了一家小型零售面包店 Hot&Crusty。他家的"瑞士蜂蜜健康面包"源于彼得的父亲在瑞士一家健康诊所吃过的一种面包，是店里的招牌面包。很快，店里的烘焙食品变得非常受欢迎，彼得开始把它们送到当地的餐厅

㊀ 罗得西亚是津巴布韦的旧称。

和特色食品店。1988年,彼得决定把重点放在批发业务上,他把店搬到市中心的翠贝卡附近,并更名为"翠贝卡烤箱"。1907年,他将烘焙业务转移到布鲁克林一个更大的地方,2004年又重新搬迁到新泽西一个更大的工厂。

到2006年2月,翠贝卡烤箱公司有300名员工,向纽约市区超过400个固定客户提供新鲜面包。彼得回忆说:"2006年10月的一个早晨,我终止了业务,改变了整个商业模式。"翠贝卡烤箱停止运送新鲜出炉的面包,他的顾客简直不敢相信。然而彼得说:"卖了我家面包20年的Zabar's商店并没有感到惊讶,而且愿意下订单给新泽西的工厂。放弃零售业是一个巨大的转变。"

但这个决定符合彼得非常简单的核心商业哲学:"成功的生意必须远离失败的可能。"为了摆脱失败的阴影,彼得决定放弃早先让翠贝卡烤箱声名鹊起的零售业务,接受面包烘焙的革命性趋势。

1999年,手工面包的另一个先驱——洛杉矶的拉布雷亚面包房(La Brea Bakery)开始将其广受欢迎的手工面包以冷冻批发包装的形式供应到全国各地的杂货连锁店。面包只完成了80%的工序,经速冻后开始运输交付。一夜之间,大型杂货连锁店、餐厅和咖啡馆都可以提供新鲜美味的面包,而这些面包曾经只有在小面包店才能买到。只需把一个面包从冰箱里放进店内或家里的烤箱中,很快,一个法式面包就新鲜出炉了。"这种模式可以让你不停地生产面包。"彼得解释说,他在2005年开始试着推销他的冷冻批发面包,意外的是,"这种新业务很快干扰到我们旧有的新鲜面包业务。"而新业务的优势是，它可以将每天 400 次的发货次数减少到 140 次，从而大幅提高利润率。

彼得聘请了一位首席执行官兼执行副总裁，帮助他拓展翠贝卡烤箱的冷冻批发业务，将面包推销到东海岸各地的餐厅、咖啡馆和食品店。2014 年，彼得将翠贝卡烤箱卖给了得克萨斯州的一家大型公司，该公司在美国、加拿大和欧洲设有烘焙设施。他笑着说："但是我的美国梦还活着。"

以我的经验来说，无论在哪个国家，只要机会存在，创业者的梦想就一定会实现。与其他领域一样，商业世界也受制于管理技术、领导战略和商业模式的潮流，但这些因素都有其局限性。伟大的创业者拒绝陷于任何一种模式，唯一不变的是他们永远对新的可能性持开放态度，并抓住这些新的机会。正如我的合伙人戴维常说的那样："每周你的办公桌上都会出现改变一生的机会。"

我要补充一点：如果你不把失败作为成功的一部分，那么你能承担的风险就比较小，而风险往往是创业成功的关键。

注释

1. Peter Lobel, interviews (August 3, 2015, and February 4, 2016).

THINK
BIGGER

第 27 课

不要把你的家人蒙在鼓里

加利福尼亚州一家财富研究公司在 1975 ～ 1995 年的 20 年间跟踪调查了 300 多个富裕家庭,发现 70% 的富二代继承人无法将他们的财富传给第三代。¹ 这个事实验证了一句格言:"富不过三代。"这句话似乎流传于世界上的许多文化中,也是让许多成员夜不能寐的原因。日本的说法是"稻田到稻田只能分三代",苏格兰是"父亲买,儿子造,孙子卖,重孙子讨饭",意大利是"从马厩到星星,再到马厩"。还有很多,但我能找到的最古老的参考资料来自兰开夏郡——"三代人就从穿木屐回到穿木屐"。²

毫不奇怪,当第一代人创造了家族史无前例的财富之后,许多家庭并没有实现财富的传承。在成为最富有的人之一以后，创业者们对保管财富没有任何成熟的想法（即使他们有，那也是不成熟和未经考验的）。如今，我周围的有钱人大部分属于第一代财富创造者，这让我很难相信之前时代的第一代财富创造者都成功延续了家族财富。

这里面的主要原因不是失败的投资或高税收。实际上，60%的被调查家庭经历了"家庭信任危机"，换句话说，就是一家人为了钱而争吵。在这些案例中，有1/4家庭的孩子没能为继承财富做好准备。[3]

20年来，那些进入了上流社会的美国人一般都不善于和家人谈论金钱。通常，他们没有意识到孩子们对继承财富的准备会改变其行为和动机。2012年美国信托基金会发现，在婴儿潮一代的富裕父母中，超过50%的人没有向孩子充分披露自己的经济状况。[4] 在13%的案例中，继承人甚至完全不知道家里是否有钱。在《天堂的陌生人：家庭如何跨代适应财富》一书（我衷心推荐）中，詹姆斯·格鲁布曼讨论了一些案例，在这些案例中，很多人故意让他们的孩子不知道这个家有多少钱。

无论你的生意目前处于什么阶段，你都应该和家人谈论你的生意和财务状况。然而我认识很多非常成功的人，他们出于各种原因拒绝这么做。虽然我们的成员在会议期间对自己的业务、投资甚至家庭问题非常坦诚，但在很多情况下，这些沟通技巧似乎在家里的餐桌上消失了。"我在 Tiger 21 的成员中发现的重大问题是，他们无法与家人沟通他们的生意和财富。"帕特里夏·萨普托（Patricia Saputo）说。[5] 她成长于加拿大最成功的商业家族之一，在过去的15年里，她一直在努力维持并增加数代人创造的家庭财富。

20世纪50年代早期，她的祖父母、父亲、三个叔叔和四个阿姨从西西里移民到蒙特利尔地区。他们创办了一家奶酪公司，公司在接下来的30年里蓬勃发展，并在1997年上市。凭借一系列战略收购，萨普托公司现在是世界上最大的10家乳制品加工商之一，同时也是加拿大最大、美国前三大奶酪制造商之一。萨普托在阿根廷和澳大利亚也有业务，拥有约12 500名员工，年收入近110亿美元。[6] 在1999年，帕特里夏本人加入了公司董事会，当时她是蒙特利尔一家大型会计师事务所的注册会计师和税务专家。同年，她的父亲让她管理直系亲属（包括她的四个姐姐及其家人）的投资。她设立了一个家族理财办公室，该办公室有着明确的使命。"我可能不是一个创业者，"她说，"但我的工作仍是创造财富和保管财富。"

这一工作的核心是确保每一代人都充分了解家庭的经济状况以及这与他们自己的梦想和抱负的关系。因为并不是每个家庭成员都能（或想）进入家族企业。帕特里夏致力于激发年轻的家族成员用更广泛的视野去创造财富。她的思路可以用FISH来概括：F是金融资本（financial capital），I是智力资本（intellectual capital），S是社会资本（social capital），H是人力资本（human capital）。比如，某位萨普托家族成员选择成为一名教师，她可能不会有很多钱，但她会创造大量智力、社会和人力资本。

运行家族办公室需要交流。然而汤姆·罗杰森（Tom Rogerson）却对这种交流持谨慎态度。汤姆是威明顿信托的高级董事总经理和家族财富策略师，他是协助富裕家庭应对家族治理挑战的知名先驱者。他说："问题是，当你邀请一位家族里的创业者进行交流时，你通常会面对一位阿尔法型决策者，他会将自己的独裁风格带回家，并对家人发表演讲。这种交流的难点不仅在于告诉你的太太和孩子你有多少钱，还在于要确保无论数字是什么，他们都有能力理解和处理这些财富。"7

罗杰森的话很权威，他自己就是波士顿银行业的第四代继承人。但他也不得不卷起袖子自己干活。"我的曾祖父为这个家庭做了所有的财务和投资决定，每个人对此都很满意，因为他做得很好。但当他去世时，下一代人虽然已经四五十岁了，但却因彼此不信任而分道扬镳。这主要是因为他们从来没有一起在金钱上做过任何重大的决定。"

赢得家庭成员信任的方法是"人际沟通"，这是一种严肃的、以使命为导向的互通有无。具有讽刺意味的是，正如罗杰森所说，天才创业者每天都在办公室工作，以激发他的多元管理团队发挥最大的潜力。虽然家庭度假很棒，但你不太可能在海滩上和你的配偶及孩子们讨论重要的问题。根据罗杰森的说法，"研究表明，成功实现代际财富传递的家庭会以家庭会议的形式，使家庭成员之间的人际沟通制度化"。罗杰森建议客户围绕一系列教育内容来计划会议：首先，测试每个人的沟通和领导风格。然后，可以了解家族企业如何运作而得以成功，以便累积足够的财务知识。接着，理解家族投资的基础知识，理解雇用财务顾问和资金经理的优势（和劣势）。最后，必须讨论税收、遗产规划和慈善事业的重要性。

"大学里没有这方面的课程。"罗杰森说。这种有目的的会议也是一个机会，让每个人都有"有意义的、揭示自己核心价值观的家庭经历"。这是一个关键点。以我的经验，如果你告诉一个创业者他应该和家人分享他的核心价值观，他很可能会点头，然后开始草草记下一份清单递给他们。然而当你花时间与每一个家庭成员讨论生活和未来的问题之后，你会列出不同的清单，因为这些问题可以为他们的一生提供可靠的道德基准。"控制的反面是参与，"罗杰森说，"让你的孩子对家庭的未来有发言权会增加他们的认同感。"

我见过的家庭都从定期的主题家庭会议中受益。另一个来自家庭聚会老手的建议是：如果每次你给孩子提建议时，你的孩子都变得沉默或暴躁，也许你才是问题所在，而不是他们。我们每个人都有自己的沟通方式，而且有些人明确地知道自己的沟通方式会让听众堵住耳朵。如果你不知道自己的沟通方式是否有效，可以选择市面上众多测试中的一个来检查你是否善于人际沟通。

最后一个提示是，你的第一次家庭会议或许需要某位专业主持人的帮助。如果你每次开会都让会议室里的每个人觉得你在老生常谈然后停止聆听，那么，请让一个专业人士来主持会议，请坐下来享受并参与对你和你的家人来说可能是一次变革的经历。这是值得的。也许第一次、第二次的时候不这样做，也许在投入了这一必不可少的时间多年之后才这样做。但长远来看，你的家人会感谢你给他们机会，让他们学会如何处理你辛苦创造的财富。

注释

1. Roy Williams and Vic Preisser, *Preparing Heirs: Five Steps to a Successful Transition of Family Wealth and Values* (San Francisco: Robert D. Reed Publishers, 2003).
2. Tom Nicholas, "Clogs to Clogs in Three Generations? Explaining Entrepreneurial Performance in Britain Since 1850," *Journal of Economic History* 59, no. 3 (September 1999).
3. Williams and Preisser, *Preparing Heirs*.
4. U.S. Trust, 2012 U.S. Trust Insights on Wealth and Worth, http://www.ustrust.com/Publish/Content/application/pdf/GWMOL/2012-UST-Insights-Wealth-and-Worth-Highlights-Brochure.pdf.
5. Patricia Saputo, interview (February 3, 2017).
6. Saputo, 2016 Annual Report, http://www.saputo.com/en/Investors/Shareholder-Reports/2016.
7. Tom Rogerson, interview (March 18, 2016).

THINK
BIGGER

第 28 课

谨慎雇用你的孩子

一位非常成功的创业者曾经向我解释过他关于雇用家庭成员的哲学:"我不雇用任何我不能解雇的人。"这句话很有趣,不过我怀疑他的孩子们并不这么认为。

他用几句话强调了创业者在与家人合作时面临的困境。大多数财富创造者都是靠卓越的绩效获得成功的,为了保持业务增长和竞争优势,他们必须建立一个以绩效为基础的组织结构,一路裁减生产力较低的员工。

虽然引进创始人的儿子或女儿可能是个好主意,但血统显然是他们被雇用的根本因素(如果不是唯一的因素的话),而这必然会导致双重标准。我们看到很多家族企业被不称职的第二代和第三代领导,这些继承者很多根本没有意识到自己的局限性,但他们依然期望员工们给予他们无条件的尊重和服从,他们期望员工能假装看到自己身上的闪光点。这就是灾难的开始。

如果你想让你的孩子接替你,你如何确认他们能胜任这项任务呢?一个保险的策略是教会他们尊重优秀的人才,还要发掘他们的才能,看他们是否能让你的业务继续成功下去。以下我会讲述我认识的三位创业者是如何成功地把孩子带进公司的,其中一个甚至发现他的儿子是一位天才的创业者。

弗兰克·麦克雷(Frank McCrea)从未和他的两个孩子讨论过让他们加入自己公司的可能性。他 40 年前在多伦多创立了这家专业计算机顾问公司,以兼职合同的形式为客户提供 IT 专家。弗兰克的公司现在被称为 Procom,是北美领先的人事服务管理供应商之一,为客户提供合同工服务,在加拿大和美国设有 14 个办事处,管理着 8500 多名专业人员。

说句公道话,弗兰克在带孩子"上船"之前的状态并不好。更加不幸的是,他的妻子在 2003 年死于癌症。当时,他的女儿艾莉森正在大学里读商科,他的儿子肯特在纽约为加拿大帝国商业银行(CIBC)的投资部门工作,接管家族企业从来不是弗兰克与儿女之间的话题。"我希望我的两个孩子都能根据自己的兴趣从事想做的工作。"弗兰克说。[1] 但当弗兰克 60 岁时,他和肯特讨论了加入 Procom 的可能性,他的儿子很惊讶。"我不知道这是一个选择,"肯特说,"我以为你最后会卖掉公司。"

弗兰克回答说:"之前这确实不是一个选择,因为我想让你证明自己,但你已经做到了。你在纽约做了四年的研究分析师,在一家全球投资银行里从事高强度的工作,你做得很好。继续做下去或者加入 Procom 两条职业道路都是不错的选择,你好好想想。"

肯特仔细思考后,决定加入 Procom,但有一些条件,其中一个是回学校攻读 MBA。2008 年,他获得了 MBA 学位和 CFA 证书,外加参加了 Procom 两年的季度会议,之后加入了公司的管理团队。他面临的第一个挑战是:一个欠 Procom 债的客户以一家赔钱的公司来抵消应付款项。弗兰克回忆说:"肯特理解了这家赔钱的公司的技术实力,并且重新配置了员工,确定了哪些值得保留,哪些需要丢掉。但没人知道是他干的。"然后在一次管理会议上,肯特报告说,该公司在一年内扭亏为盈。"每个人对此都印象深刻,包括我在内。"弗兰克回忆道。

艾莉森的事业使她走上了另一条路。2005 年获得商学学位毕业后,她曾在几家公司做市场营销工作,并在 Procom 工作了三年,从内到外学习了人事业务,然后在 2010 年她决定攻读 MBA 学位来使自己的职业生涯更进一步。两年后,她获得了牛津大学的商业学位,回到多伦多,并在国际咨询公司埃森哲工作,为美国和加拿大的客户提供人力资源相关的咨询服务。不久之后,她又回到学校获得了法律学位,并在 2016 年春天加入了加拿大律师学会,最终找到了自己的核心价值。

在同一时期,弗兰克的生活发生了一些改变,他又结了婚,而且他已经 65 岁了，开始认真思考遗产规划了。

为此，麦克雷家族聘请毕马威会计师事务所举办了一次主题家庭会议，会议由艾莉森主持，确定了需要解决的棘手问题：协商并起草一份协议，制定一个照顾到每个家庭成员利益的股权结构，让他们都能参与公司的成功。

弗兰克还提出了自己的观点："委员会管理是行不通的，只有一个人可以当老板。"肯特被要求承担这个责任，艾莉森的目标是从事法律工作，她可以作为外部顾问帮助公司，这也正是她已经做的——"提供建议，"弗兰克说，"这非常宝贵。"当艾莉森对哥哥接管 Procom 感到满意时，"那就是我们作为一家人，变得非常亲密的时候"，弗兰克说。

肯特成功地管理了一家分公司好几年，他在 2015 年担任 Procom 的首席运营官。到了 2010 年 1 月 6 日，弗兰克已经脱离了日常管理，他相信自己拥有了一支经验丰富的管理团队，由儿子领导，女儿协助。

他对所有考虑将下一代带入公司的人的建议是："避免提前施加压力给孩子，让你的孩子有机会找到自己的道路。然而，一旦决定了要让他们参与，就要制定一个策略，让他们轻松融入现有的管理结构，让他们证明自己不仅仅是老板的骄傲和喜悦。你会希望他们的自信是由自己的成就塑造的。"

我们在第 5 课第一次见到的艾德·多尔蒂会同意的。很早的时候，他就为他的孩子们制定了为多尔蒂公司工作的基本原则。现在多尔蒂公司在纽约、新泽西、佐治亚和佛罗里达有超过140家餐厅。他的三个孩子上高中和大学时都曾在苹果蜂专营店工作，从洗碗工到服务员再到店长。然而，继续留在公司并不是自然而然的。"大学毕业后，我们的孩子至少有四年不能为我们工作。"艾德解释说，[2] 他希望自己的孩子能进入外面的商业世界，了解自己的能力。这是我认识的许多企业家采取的策略，比如我妻子的房地产家族企业就有一个孩子必须外出工作五年的规则。

对于在雇用自己的孩子之前还需要做些什么，艾德说："他们还必须坐下来和我谈一谈为什么他们想回来，以及他们能为公司带来什么价值。"他的长子蒂姆在纽约和都柏林的爱尔兰联合银行（Allied Irish Bank）企业贷款部工作了四年后，第一个提出回归家族企业。艾德告诉蒂姆，他必须参加苹果蜂的管理培训课程，但艾德已经想到了一个双赢计划。他告诉儿子，自己会教他选址的一切知识。像许多创业者一样，艾德实操过公司的所有业务，从全面管理到选择一家餐厅的位置，这是他在汉堡王和万豪得以成功的秘诀所在。

蒂姆同意担任公司的房地产经理。"他成长了，证明了自己。"艾德说，带着父亲和老师的双重自豪。在为公司工作了13年后，蒂姆现在担任公司所有品牌新餐厅的开发副总裁，负责选址、谈租约、申请建设批准和许可，然后监督餐厅的落地建设或改建。

以同样的模式，艾德把两个女儿也带进了公司。2005年，蒂姆的妹妹香农已经在曼哈顿一家杂志出版公司的在线部门担任了四年的营销经理。她接连服务了两任老板，却没有得到相应的提拔和报酬。是时候向她的父亲寻求一些职业建议了。

艾德立刻想到了香农如何实现"必须给公司带来价值"的规则，他说服香农去开一家面向她的同龄人的爱尔兰酒吧，位置就在他租下的一处房产中。该房产在附近的一个购物中心里，公司在这儿已经有了另外三家餐厅。香农有点不自信："我对开餐厅，尤其是对开爱尔兰酒吧一无所知。"艾德想到了一个策略：他和香农将采访十位设计师和建筑师，然后让她在最喜欢的两个中做出选择。接下来对食物和人员的配置会重复这个过程。

香农很快就学会了如何处理细节、开发品牌。自 2006 年起，多尔蒂公司开设了两个香农玫瑰爱尔兰酒吧。后来香农结婚并育有三个孩子，现在成了多尔蒂公司的副总裁，负责开发新概念餐厅。

在 2008 年经济衰退时期，艾德的小女儿克丽失去了瑞士信贷银行招聘专员的工作，于是也决定和艾德坐下来谈一谈。当时，艾德正准备把他租来的一家餐厅改建成这个地区独一无二的地方——一家时髦的翠贝卡式的红酒吧和意大利小吃餐厅，这会是新泽西的第一家。"你姐姐和我会一路指导你。"艾德把这个任务交给克丽并向她保证。

2010 年 12 月，克丽在新泽西州克利夫顿推出了多尔蒂公司第二条独立的新概念餐厅业务线：Spuntino 红酒吧和意大利小吃餐厅（Spuntino 在意大利语中是小吃的意思）。餐厅提供 50 种葡萄酒，以每杯的形式销售，另有 250 种葡萄酒以每瓶的形式销售，还提供各种小菜、比萨饼、肉类和奶酪。第二家 Spuntino 餐厅于 2015 年在长岛开张。

虽然艾德的孩子们赋予了多尔蒂公司这个名字新的含义，但艾德仍然掌管着公司。他与自己的首席运营官兼继任者密切合作，后者曾在温蒂斯工作了 25 年，并且不是家族成员。艾德的首席运营官在接管公司后，会被另一个多尔蒂接替吗？"如果他们想要的话，必须自己去争取。"艾德说。

以上的故事或许仅仅只和激励你孩子的雄心壮志相关，但更难做到的是发掘你家里是否真的有创业人才。你可能对这一点不太清楚，除非你给你的孩子机会，去发现他们是否有好奇心、干劲和冒险的欲望，或者其他创业天赋。我们不要忘记这里的区别：在大多数情况下，当一个孩子接手一家成功的企业时，他作为一个继承人继续发展企业所需的技能、性情和对风险的偏好，往往与创始人当初创立企业时所需的素质大相径庭。在许多案例中，孩子实际上更适合推进家族企业，而根本不可能创建新的家族企业。

有些第二代创业者或许会是例外，但如果没有机会去施展，这种例外就不会出现。尼尔·米尔奇是我们在第 20 课中认识的，他是一名创业者，并在他父亲创办并用铁腕经营的商业洗衣帝国中用实力证明了这一点。后来的事实证明，尼尔自己的儿子同样继承了这种创业者基因。当尼尔准备推出一项他梦寐以求的新业务时，他问自己："我将如何在继续发展现有业务的同时，管理这家初创科

技公司？"³

答案很快就来了。他的儿子科迪在大学毕业后的前两年里创办了一家电影制作公司，尼尔来找他寻求一些建议。科迪很喜欢这份工作，但他的客户对结果不太满意。"他们只想付 3000 美元，却想得到一个价值 30 000 美元的高质量视频。"科迪抱怨道，他正在考虑申请电影学院或商学院。⁴ 尼尔对儿子说，无论他做什么决定自己都会支持他，但在他做决定之前，可以看看家族企业即将推出的"革命性的新技术业务"。科迪看了之后告诉父亲："让我们看看我能不能帮上忙。"尼尔鼓励他："这项业务就属于你，想怎么做就怎么做。"于是科迪深耕细作，很快就发现了问题并重审了商业模式，雇用了人员并调整了算法，将远程洗衣房服务器的财务信息整合到公司的企业资源规划系统中。科迪被这项业务里的技术和机会迷住了，再也没有回头。"他有望在 30 岁之前成为 Laudrylux 的总裁，"尼尔说，"他是靠自己的成功赚来这一切的。"

尼尔对自己的儿子不仅成了一名勤奋的经理，而且成了一名富有创造力的创业者和领导者感到惊讶和自豪。"如果我一直把他放在羽翼下，抱着一种让我来教你而你什么都不用懂的态度，我就不会发现这一切。"这让尼尔回忆起自己接父亲班的经历。尼尔还向科迪和他的妹妹茱莉亚透露了家族的投资、资产和净值，并让他们参与慈善事业和家族理财办公室的运作。

由于科迪对公司的管理适应得非常快，这让尼尔加速了自己的退休计划。与此同时，茱莉亚正在一家科技公司负责销售工作，但科迪鼓励自己的妹妹与家族企业的资深经理们合作,一起推进公司的 2058 百年计划。"我相信,"尼尔说,"我展示给孩子们的信任、信心和尊重,是我迄今为止最有价值的投资。"

注释

1. Frank McCrea, interview (February 4, 2016).
2. Ed Doherty, interview (July 16, 2015).
3. Neal Milch, interview (June 10, 2016).
4. As told by Neal Milch.

THINK
BIGGER

第 29 课

你需要时常度假

当我 25 岁时,戴维·弗罗默同意和我搭档,我兴奋得忘乎所以。然后他向我提出了一个必须接受的要求:如果我们合伙,我必须接受他很可能会在一年中从办公室消失好几个星期,或者简单地说,只要他愿意,随时都可以去休假。

我对此并不惊讶。我是在二战后的文化环境中长大的,当时各个经济阶层的美国人每年都有两周的带薪假期,高管们可能有三周。我父亲有两三周的假期,他整个职业生涯都在担任 NBC 和 RCA 的工程师和高管。在高盛,我们只有两周的假期。即使是我的岳父(他经营自己的房地产公司),似乎也只有两个星期的假期。而拥有不受限制的假期听起来就很匪夷所思。

戴维解释说："只要我觉得合适，我就去度假。但是你可以随时联系我，一年 365 天都行。"他就是这样。我从来没问过戴维他是在哪里发展出他的度假哲学的，也许这和他在二战中的战斗经历有关。戴维曾经在战斗中被弹片击中，昏倒在散兵坑里。当他醒来时，他以为自己已经死了。从那时起，他总觉得自己活在借来的时间里，所以他下定决心要好好享受。

不久前，我问他的一个女婿是否知道戴维关于假期的想法是从哪里来的。他回答说："如果你问他职业生涯中最重要的是什么，答案就是他的家庭。家庭是他生活的中心。"戴维曾经历过长期的分居，当时他的家人在伦敦而他在沙特阿拉伯开发项目，这使他更加坚定为他们腾出时间。

戴维在房地产之外有很多爱好，比如旅游、艺术和工业设计。也许他坚持不与办公室联系是因为他认为在平等的伙伴关系中，任何一方都不应该越线干涉对方的私人生活。戴维对我们的冒险事业充满信心，他让我来处理公司的日常运作。当然，事后看来，我已经尽量减少他与银行家、租户和员工在一起的时间了，但他还是参与了每一次重大招聘和战略决策。他足够聪明，让我有自己在操盘的感觉。

你可以在任何地方办公。这一想法对我的管理风格产生了深远的影响，使我能够把时间花在我在生活中关心的其他事情上，比如家庭、慈善、政治和艺术。我在普林斯顿男子曲棍球队做了四年的官方志愿摄影师，我儿子也参加了。参与几乎每一场比赛并拍照是一种奖励，处理照片和制作相册则是一种额外的乐趣。最近，我花了不少时间了解日本的艺术和文化。

这些年来，我也学到了，无论是在战壕里还是在战壕外，摆脱日常焦虑才能让创业者专注于大局，留意其他机会，组建一个优秀的团队做他们该做的事情。对于许多创业者来说，这是一个需要努力学习的课程。因为他们通过控制每一个细节、每一分钱建立了自己的公司，他们很难接受自己的"火车"没有他们也能跑得一样好（或更好）。

弗兰克·罗德里格斯是我们在第26课中认识的，他在1993年创立了自己的公司，并作为创始人和首席执行官在接下来的12年里坚持不懈地工作。他工作时间很长，经常在周末工作，除了"和家人一起度过几个星期的假期，这是大多数高管的典型做法"。[1] 然后，2005年4月，他得知38岁的弟弟在非洲的一次皮划艇事故中丧生。弗兰克崩溃了。朋友和同事建议他休息一段时间，给自己一个疗伤的机会。

弗兰克决定休一年的假。作为一个自律的创业者，他做了一个计划，专注于三个领域。他回忆道："我通过读书、看电影和有趣的交流来充实自己的思想。我每周锻炼五天来维持自己的身体状态。我通过志愿工作来帮助别人，比如指导高中生，以此来充实自己的灵魂。"一年结束后，弗兰克回到公司，他已经为公司的日常运作做好了准备。

他发现在他缺席的这段日子里，公司创造了有史以来最好的业绩。弗兰克意识到这是因为自己组建的管理团队填补了空缺。在休假期间，除了工作，他还考虑过想做的其他事情。他和妻子成立了企业创新基金会，这是一个非营利组织，其使命是改善儿童的教育机会和医疗保健。他期待着去旅行，花更多时间与妻子以及两个儿子在一起。

在商业方面，弗兰克能够专注于他最喜欢的部分：制定长期战略，培养他可以依赖的领导者和员工。这两个目标都是他在大部分不在办公室的时间里就可以实现的。他说："自2006年2月以来，我通过提高自己的领导能力，取得了很大的平衡，我越来越不关心细节。" 2010～2014年，随着企业创新并继续以"每年15%或更高的速度"增长，他在50岁的年龄就成功地过渡到了董事长的位置。

最近我也有很多时间不在办公室。我猜我每年有30次旅行，而且很多都是把商业活动和假期混在一起。不管是好是坏，我都在无休止地度假，但也365天、每天24小时随时待命。多亏了智能手机和互联网的力量，我与各个合作伙伴和团队时刻保持着联系。是的，智能手机已经成为锁链，使你不可能从工作的纠缠中逃脱。但它也解放了像我这样的创业者和高管，让我们去想要去的任何地方，同时保持我们认为需要的联系。

一个人的生活有很多种可能，但是天才创业者的非凡创造力并不是在无休止的会议和交易中产生的。为了激发创造力，你需要找到让你的思想自由驰骋的方法。无论你处于职业生涯的什么阶段，在生活中寻求更好的平衡永远不会太迟。经常离开办公室,给自己一些时间充电和思考,这对你的团队、你的家庭、你自己都将是双赢。

注释

1. Frank Rodriguez, interviews (August 14, 2015, and February 4, 2016).

第五阶段

保管好你的财富

对于非常成功的创业者来说，最大的挑战往往不是赚钱，而是保管好他们已经赚到的钱。为此他们需要转变思维方式，不能继续像创业者那样思考，尤其是当他们出售了自己的业务，不再有公司的正常收益和分红来弥补投资损失时。大多数创业者加入 Tiger 21 的主要目的是想成为更好的投资者，而我们的小组领导人也一直对一些新成员在财务上的盲目程度感到惊讶。但至少他们在努力学习，大多数人都希望早点开始。

本书的这一部分包括创业者应该知道的关于管理投资的经验教训，特别是在出售他们的公司而获得了一大笔财富之后。

THINK
BIGGER

第 30 课

创业技巧与投资技巧并不相同

我在 Tiger 21 工作 19 年的经历让我明白了一件事：创业者和投资者是不同类型的人，是里里外外完全不同的人。这个结论对创业者来说很重要，特别是当他们考虑出售一家公司时。正如我们在第 15 课中遇到的自称风险狂人的戴维·拉塞尔所说，他的创业伙伴"赖以致富的技巧不会给他们的投资生涯带来任何好处。基本上，一旦他们卖掉了自己的公司并拥有大量资金，手里的大笔现金反而对他们构成了威胁"。[1]

组织心理学家亚当·格兰特最近的一本书《离经叛道》也表达了类似的观点：过去越成功的人，在进入新环境时表现得就越差。他们变得过于自信，不接受任何批评。[2]

格兰特书中的主角是航空公司和运输业高管，但我认为他的观察适用于更多行业的成功创业者，尤其是那些曾经在狭小的行业内取得巨大成功的创业者。他们很难放下自己往昔的辉煌经历带给自己的过度自信，也不愿相信自己的能力是有限的。

1988年，戴维成为Tiger 21的第一个小组成员，他也是六位已经卖掉自己公司的创业者之一。很快，一些成功的投资者也加入了我们，这样我们就可以获得来自无私的成员的投资干货，而不会被那些自私自利的专业人士蒙蔽，后者只希望向我们兜售产品和服务。Tiger 21的专业投资者通常是房地产基金经理、所有者、开发商，或投资基金的合伙人，他们总是会为我们创业者贫乏的投资知识感到震惊。

最基本的不同来自投资者和创业者的行为模式。正如戴维所说，"完全相反"。成功的创业者通常通过在自己熟知的业务上下大赌注来积累财富，一般来说赔率很低。而投资者在多种资产上分散投资，即使其中一项投资失败，他们仍然可以继续博弈。一个成功的创业者可能在其漫长的职业生涯中养成许多不良的投资习惯，但只要他的公司继续赚取收入来弥补投资损失，他就不会一败涂地。但一旦公司被出售，创业者就不能再依靠公司的现金流来弥补他们的损失。这是最根本的区别。

芭芭拉·罗伯茨在她撰写的题为"退出后的生活"（Life After an Exit）的哥伦比亚商学院白皮书中深入探讨了这一艰难的转变，该白皮书讲述了创业者在出售公司后面临的问题。[3] 她采访的一些投资经理指出,创业者作为客户带来了一个特殊的挑战,"因为他们不愿意放弃控制权"。正如芭芭拉后来向我阐述的那样:"创业者问了很多问题,他们需要彻底了解投资的每一个细节。财富管理公司认为创业者不是真正的风险承担者,他们只是风险控制者。"[4]

对我来说,这更加证明了创业者和投资者来自不同的星球。创业者通过精打细算和日常决策来避免破产,任何管理过创业者资金的人都应该明白这一点。正如戴维所解释的,在经营私人企业时,"如果出了问题,你可以想办法解决它:雇用合适的人、安抚你的客户、勒紧裤腰带、发现机会的时候再扩张。而作为投资者,你只需要做四个决定:买什么、什么时候买、卖什么、什么时候卖"。

如果你是一个被动的投资者或者上市公司股票的所有者,那你就会像我们大多数出售过公司的人一样,发现自己是最后一个知道那家上市公司出现问题的人。但当你发现问题时,你已经无计可施了。因为已经太迟了,而且你也没有公司的控股权来帮助你管理公司。大多数情况下,你只能干等着。对我来说,被动投资就像坐看油漆自然风干。这就是为什么这么多创业者在开始投资的时候闲不住,他们总想干点什么,而蛮干会危及他们的利益。

举例来说,最近几十年来股票市场的平均年化收益率为7%~10%,但一般买股票的投资者平均只能获得3%~5%的年化收益。原因是什么?答案是心理。太多股票投资者在高位买入,在低位卖出,这使得他们无法获得市场平均水平的收益。

对于靠自己创业取得巨大成功的老手来说,个位数的收益率不太可能让人兴奋。他们喜欢充满豪赌的世界。是的，你可能会一败涂地，就像很多人在 2008 年遭受的打击一样。但对于房地产业的高手（类似私募基金经理）来说，即使采用保守的杠杆，他们也可以在很快的时间内获利一两倍。尤其是在像纽约这样的活跃市场，房地产（和私募股权基金）的普通合伙人可能只需投资 1%～5% 的资本就可以获得 20% 的收益。他们甚至可以通过利用别人的钱㊀在 5 年甚至更短的时间里获利 5～10 倍。

在情绪上，创业者和投资者也是截然不同的。创业者倾向于高度乐观，当他们出售公司、转向被动投资时，那些手里握着现金的人会一直叫嚷着"让我们去干一票吧"。相比之下，成功的投资者总是保持着怀疑态度，极端自律冷静，并崇尚风险管理，他们无休止地挑选投资机会来谋生，习惯于说"不"。在这两个领域（创业者和投资者）里爬到顶层的人的根基是不同的学科、不同的时间模式和不同的信息处理方式。

创业者习惯于让事情自然发生，解决一个问题，开始一件事情，播下一颗种子。如果那颗种子在生长发芽后被击倒，他们就会种下另一颗。他们失败的次数和成功的次数一样多，甚至失败的次数更多，但只要他们最终成功就好。扼杀在创业时代形成的欲望和习惯，去适应保守的投资方式，将是创业者面临的最大挑战。我曾亲身经历过那种肾上腺素爆棚的冒险经历，要我放弃这一切，就像让我退出游戏，放弃所有的可能性，走向死亡。从激进冒险到谨慎保守的转变，需要一次彻底的心理改造，也许还需要一些妥协。

㊀ 原文此处为 OPM，即 other people's money。

达拉斯的罗瑟·牛顿（Rosser Newton）曾经在能源业和投资银行界都成功过，这使他有资格从创业者和投资者两个方面来看问题。他与许多创业者客户打过交道，这些人渴望冒险，因此他制定了一个应对策略："我鼓励他们从投资组合中拿出一小部分资金，用于风险较高的交易。这样，他们既能满足这种欲望，又能保住自己的财富。"

芭芭拉·罗伯茨在白皮书中指出，如果创业者执着于施加更多控制，那么他们应该考虑在自己的专业领域内进行私募股权投资，这样他们就可以为自己投资的企业提供价值。越来越多的 Tiger 21 成员正在这样做。2008 年金融危机时，所有成员只分配了 10% 的投资组合给了私募基金，但到 2016 年，这个数字增长了一倍多，达到 23%。这也是头一次私募基金的配置超过了公募基金（22%）。两者的差距看起来很小，但实际上，很久以前当我们刚开始跟踪成员投资组合的时候，公募基金份额几乎是私募基金的 2.5 倍，因此这是一次"结构性转变"。我可以举一些例子：一位印刷商在卖掉自己的公司后，拿出一小部分收益，投资了一家数字出版公司；一位成功的出租车公司业主投资了 Uber。

就我个人而言，我已经接受了事实：我身为一名连续创业者的特质——渴望投资令人兴奋的新机会，是我成为世界级投资者的障碍。我没有投资者需要的那种超然，即使到了应该放弃的时候（我不知道是什么时候），我仍然无法放弃我的每一笔投资，因为我会有失落感。我喜欢的事情是根据一个好的创意建立一家完美的公司，雇用优秀的人才，解决切实的问题。

尽管如此，多亏我学习了一些投资组合防御措施，使我成为一个成熟的投资者。我现在承认，为了保管好我的财富，我将不得不接受更为温和的回报。令人欣慰的是，我身上的创业者精神仍然活跃在投资新公司上，其中一些有着光明的未来。

不幸的是，我们人类似乎很难从别人的错误中吸取教训。如果你是一个终身创业者，新近卖掉一家公司获得了一笔财富，那么在你醒来并改头换面之前，你肯定会把这笔钱折腾掉一部分。我希望折腾掉的部分不会太大，就像最近发生在我身上的那场车祸一样，没有伤筋动骨。最后，如果你想寻求好的建议，建议你从有前车之鉴的伙伴身上认真学习。

注释

1. David Russell, interview (August 28, 2015).
2. Adam Grant, *Originals: How Non-Conformists Move the World* (New York: Penguin, 2016), 54.
3. Barbara B. Roberts, Murray B. Low, Barbara Reinhard, and Bill Woodson, "Life After an Exit: How Entrepreneurs Transition to the Next Stage," white paper, Eugene Lang Entrepreneurship Center at Columbia Business School and Credit Suisse, December 2013. (*Full disclosure: I was one of the entrepreneurs Barbara profiled in the paper.*)
4. Barbara Roberts, interviews (January 14 and August 5, 2015).

THINK
BIGGER

第 31 课

学点经济学知识

当你拿着一笔变现的钱不知所措的时候,再学习理财知识就有点晚了。作为一个曾经历过这种窘境的人,我不得不说,学习理财永远不会嫌早。你在卖掉公司之前就应该开始自我教育,这样你就不会把你辛苦赚来的财富置于危险之中。

"你需要一种投资哲学。"查理·加西亚说,他是我们在第 18 课中遇到的来自佛罗里达州的 Tiger 21 主席。每次在新成员开始第一次答辩之前,查理都会要求他们准备一份书面的投资理念报告,帮助团队了解自己的目标。结果,很多人只会在一页空白的纸张上写上"我的投资理念"几个大字,然后就没有了。"很多非常成功的创业者在理财和保管家族财富方面一窍不通。而家族财富往往是通过出售他们毕生心血得来的，这真的令人震惊。"[1]

很少有人比查理更有能力帮助他人学习到更多的经济知识。他创立了一家对冲基金，从事大宗商品交易，并领导了一家全球金融咨询公司，还从事法律工作。查理将自己视为沃伦·巴菲特式的价值投资者。

查理的 Tiger 21 小组成员有三类。第一类人在出售了公司之后，主要的商业活动变成了管理他们的投资组合；第二类人出售了一家公司，获得了一些流动资金，但他们同时继续积极经营另一家公司；最后一类人的流动资金不多，因为他们正在"积极经营业务"，但为了在未来卖出公司后变得聪明些而加入 Tiger 21。查理帮助所有人面对这样一个事实：尽管他们作为创业者或者企业家可能很出色，但他们不太可能成为下一个沃伦·巴菲特。正如查理所说，他们的重点应该是成为"家族理财办公室的首席执行官"，主要负责保管他们的财富并使其增值。

了解创业者和投资者的区别是第一步，下一步是开始学习金融和投资的基本知识。查理说，他的成员需要三四年的时间才能了解 15 种不同资产的风险和机遇，包括股票、债券、共同基金、黄金、大宗商品（石油、天然气和其他可交易的自然资源）、房地产投资信托、私人股本、风险投资、另类投资和业主有限合伙企业（这类企业可以把有限合伙企业的税收优势与上市公司的流动性结合起来）。查理补充道："一个最受欢迎的话题是，在这种金融环境下，如何拿手上的现金赚取 1% 的利润，而不是零。"

弄清楚如何有效地将财富传递给下一代,以及如何管理自己的慈善事业,可能需要很长的时间。请记住,这里指的时间已经是高度竞争的商业界的幸存者所需要的了,而大多数其他人所需的时间会更长,或者是无限长。

为了帮助其他成员提高财务知识,戴维编写了一本 50 页的小册子,名为《一生的投资》,近期他更新了其中关于配偶和孩子的部分。以下摘要是戴维对你开始投资之前的建议:

- **管理你的信用评级**:作为一个企业家,你应该已经知道这对创业和拓展业务有多重要。你的评级越高,你支付给银行的利息就越少。
- **买房子**:一般来说,你的第一个最好的投资是你的房子,即使你必须使用抵押贷款。我看到千禧一代正在发生一个巨大的转变,他们比我们婴儿潮一代更不愿意拥有固定资产(以及建立信用),他们更不愿意买房子、汽车和其他东西。随着时间的推移,我们或许可以更好地了解千禧一代将如何成为成功的创业者,看到什么会成为他们最好的投资。这将是一件有趣的事情。
- **储存现金以备不时之需**:每个人都需要一些储蓄来度过危机(比如业务上的问题、疾病、其他意外开支、失业等)。这意味着需要准备至少三个月的开支,但不要超过两年。我统计对比了大约 500 名创业者在卖掉公司之前和之后的行为。之前他们习惯于把所有的现金都重新投入业务当中,但在卖掉公司获取大笔现金之后,他们却手握约 12% 的现金。考虑到每年的生活所需大约只占总资产的 2% ～ 3%，这些现金相当于 4 ～ 6 年的生活费。

- **购买保险**：你需要购买医疗健康保险，以防因一次意外损失所有资产。如果你想在意外发生后还能照顾家庭成员或某个人，那么你需要人寿保险。（第 36 课将更详细地介绍有关保险的内容。）

- **不要负债**：虽然你可以用抵押贷款利息去抵扣部分税款，但你应该设法还清所有其他债务。不要透支信用卡付 15% 的利息去买股票，这是毫无意义的。不要贷款去买股票，也不要用保证金去买。毫无疑问，房地产和私募基金的管理者是这个星球上最好的债务管理者。如果你也有这种管理风险的技能，并想积极施展它，那也不是不可以。但是，我们的大多数成员都希望在大风大浪后保持简单的生活，尽量减少风险。近年来的低利率鼓励了更多的债务，但对于那些经历了 20 世纪 70 年代末卡特时代的人（当时利率处在峰值的 21%）以及那些认为利率可能继续上升的人来说，远离债务可以让他们获得内心的安宁。

- **遵守投资、储蓄纪律**：为了利用复利的奇迹，你必须定期把收入的一部分用于投资。为了规避市场波动（比如：在市场上涨时买入过多的股票），你可以每月或每季度定期投资，这将给你一个更好的平均价格。

- **选择资产类别**：对大多数人来说（当然对初学者更是如此），这意味着只投资股票、债券，也许还有房地产。把大宗商品和外汇投资留给专业人士。

最后我想加上从我岳父那里学来的一条：

- **永远不要以个人名义担保任何东西**：诱惑可能时不时会出现，我这里不想就这一条展开会引起无谓争论的讨论，我只是简单明了地写在这里。

这个时候，大多数投资初学者可能会想："我需要一些帮助。"欢迎参与一场古老却永不停歇的辩论：让专业的基金经理来帮助你管理投资和风险，有哪些利弊？你是偏好基金经理，还是低成本指数基金（这些基金通过跟踪现有市场指数，例如标普 500 指数，购买一揽子不同公司的股票）？

大多数想在经营企业之外积累财富的 Tiger 21 成员都在努力解决这个问题，并读了无数的投资书籍。或许你也应该读点书，建议你从那些令人尊敬的作者撰写的经典书籍开始，如本杰明·格雷厄姆的《聪明的投资者》(*The Intelligent Investor*)，这本书对沃伦·巴菲特影响深远。下面是一些创业者经常推荐的其他书籍：

- 我非常喜欢的橡树资本管理（Oaktree Capital Management）联合创始人霍华德·马克斯的《投资最重要的事情：顶尖价值投资者的忠告》（2011 年版）。本书来源于他多年来写给公司客户通俗而深刻的备忘录。
- 普林斯顿经济学教授伯顿·马尔基尔（Burton Malkiel）的《漫步华尔街》(*A Random Walk Down Wall Street*)⊖，该书第一次出版于 1973 年，至今每年仍在更新。马尔基尔认为，股

⊖ 中文版已由机械工业出版社出版。

票过去的表现（股票大盘）无法预测其未来的走势，这意味着股票价格会沿着随机的路径上下波动。他建议建立一个平衡、多元的投资组合，最好是低成本指数基金。

- 沃顿商学院的杰里米·西格尔（Jeremy Siegel）所著的《股市长线法宝》(*Stocks for the Long Run*)⊖。历史证据证明，股票在过去几十年里获得了最高且最稳定的回报，扣除通货膨胀因素后为 6.4%～6.7%。

- 如果你认为聪明的自由市场能最终让所有人受益，你可能会考虑《非理性繁荣》(*Irrational Exuberance*，2016 年版)。在本书中，罗伯特·希勒（Robert Shiller）认为市场既不是理性的，也不是有效的，而是由情绪、盲从和彻头彻尾的投机所驱动的。希勒是耶鲁大学的金融学教授，作为行为经济学的先驱之一，获得了 2003 年的诺贝尔经济学奖。

- 纳西姆·塔勒布、戴维·斯文森和丹尼尔·卡尼曼是聪明好学的企业家最喜爱的作者，他们都致力于理解令人困惑的投资世界。他们的许多书和上文提到的书籍一样重要。

- 迈克尔·刘易斯（Michael Lewis）的《点球成金》(*Moneyball*，2004 年版)及其写就的《橡皮擦计划》(*The Undoing Project*，2016 年版)也非常好，让人手不释卷。

- 托马斯·弗里德曼（Thomas Friedman）过去 20 年关于政治和经济的书都值得一读，因为它们为你提供了投资决策的基础。

⊖ 中文版已由机械工业出版社出版。

查理还指出，互联网有无穷无尽的金融信息。一个流行的网站是 Investopedia.com，这是一个非常好的投资术语和策略在线百科全书，里面有关于投资和个人理财的教育视频。他还推荐 Seeking-Alpha.com，该网站汇集了大量普通投资者和行业专家对市场、金融分析研究及各种资产类别的投资见解。"我每天都花一个小时在上面。"查理说。另外还有一些非常受欢迎的聚合网站，它们从不同来源收集新闻，努力向各个层次的投资者提供可靠、快速和免费的信息、研究、图表和建议。

尽管如此，我还是时常提醒自己，沃伦·巴菲特的办公室里不会播放任何热点新闻。他宁愿早起眺望远方也不愿意读晨报。巴菲特的导师本杰明·格雷厄姆曾把市场比作"短期的投票机，长期的称重机"。为了避免陷入从众心理，你要尽量避免被新闻分散在基本面上的注意力。虽然沃伦·巴菲特避免因突发新闻分心，但他仍然每天花 80% 的时间在阅读和思考上。他的传奇搭档查理·芒格因为读书太多，被形容为"一本有腿的书"。励志演说家兼作家史蒂夫·西博尔德（Steve Siebold）在数十年里采访富人并撰写了《富人是如何思考的》（*How Rich People Think*）一书，他发现了富人的一个共同点，那就是"他们通过阅读来教育自己，并因此变得更成功"。

坦率地说，不论是选出最好的 20 本书，还是找出 10 个最好的投资新闻或创意，都是不可能完成的事。我们的很多会员都会向刚刚开始考虑投资的人推荐不同的内容，我上面提到的书籍和媒体可能只占 20% 或更少。

如果有人想学习投资，我的建议是阅读、阅读、持续阅读。投资是严肃、富有挑战、有风险的。卖掉公司准备开始投资的创业者常常会认为投资很容易，其实不是这样的。事实上，我想说：15年以来，历史证明管理财富比创造财富更难，尽管大众的看法恰恰相反。

注释

1. Charlie Garcia, interview (July 29, 2015).

THINK
BIGGER

第 32 课

✧

如果你不是一个专业的投资者，那就做一个被动的投资者

我的朋友戴维·拉塞尔说，目睹创业者在转身成为投资者时犯下的所有错误，让他相信"富人会过度自信，认为自己不仅聪明，而且聪明绝顶；不仅见多识广，而且无所不知"。[1]

我的看法是，他们确实都有独到的见解，但只是在特定的产品、服务或行业上如此，借此他们获得了自己的财富。但通常，这种狭窄领域的深刻知识并不能转化到其他领域，更不用说转化到投资领域了。因为投资与拥有所有权力、信息完备和充分自由的企业经营非常不同。

我就有过惨痛的教训，损失了不少钱。好的一面是，它激励我建立了一个互助组织，帮助成功的创业者应对保全财富的挑战。投资组合答辩通常会给新投资者的幻想和自信泼上一桶冷水。从历史经验来看，大多数成员能在持续的一段时间内甚至几十年内通过经营获得 15%～30% 的复合年化收益（沃伦·巴菲特在 47 年内实现了 18% 的复合年化收益），从而使他们有资格成为我们组织的成员。然而，谨慎的投资者在目前的低利率环境下很难维持 10% 的收益率。

经验丰富的投资者告诫我们，创业者转型为投资者后的首要任务是保管好他们的财富，并且学会衡量风险。在什么时候冒什么风险，并由此获得高预期回报，这需要多年的经验才能掌握。

其实我并不惊讶于创业者对自身投资能力的过度自信，这恰恰是他们成功的原因。但作为投资者，他们不得不抑制这种情绪。同理，最近对 60 个国家的数千名投资者和资产管理公司（散户和机构）的心态进行的两项研究表明，他们也倾向于高估自己战胜市场的能力。在一项 2012 年的调查中，美国道富调研中心要求投资者对他们的金融专业度进行评级。报告结果称，近 2/3 的个人投资者将他们目前的金融专业度评为高级。[2] 他们发现这个结果"过于乐观"，于是在两年后进行了一项后续研究，对参与者进行了金融知识测试，平均分勉强及格。[3] 这让我想起了我父亲的格言："大多数人都比普通人更愚蠢。"

研究结果还发现，基金经理往往会无意识地夸大自己的才华。

"他们没有自省的意识,总是把成功归功于自己,却把失败归咎于外部因素,比如说市场状况、客户期望以及管理。"你的确会发现,一些活跃的基金经理在很长一段时间内,甚至在调整了风险或杠杆率后,能击败市场指数(如标普 500 指数)。但证据也显示,过去的辉煌并不能保证未来的成功。一份 2014 年的记分表显示,715 只曾经在 2010 年排名前 25% 的基金在 4 年后只有 2 只继续维持在前 25%(715 只中的 2 只!)。[4]

即使是高净值个人和机构投资者的首选避风港——传说中的对冲基金(为了保护投资者免受市场下跌的影响而发明的,综合费用通常包括每年管理资产的 2% 和回报的 20%),也正在失去光环。

尽管许多对冲基金在 2015 年上半年都报告了强劲回报,但由于油价暴跌、他国央行出人意料的干预以及低利率,到了年底,就连明星对冲基金经理也举步维艰。亿万富翁、对冲基金经理威廉·阿克曼(William Ackman)的潘兴资本 2015 年下跌了 19%,2016 年 11 月遭受了额外的损失,使得其失去了 2010 年 40% 的涨幅。绿光资本下跌了 20%,格伦维尤资本也下跌了 17%,甚至约翰·A. 保罗森(John A. Paulson)这个曾经在 2007 年通过做空挣了 70 亿美元的对冲基金经理管理的三只基金也遭受了损失。贝恩资本、城堡投资集团和黑石集团等投资公司关闭了大量对冲基金。[5] 2010 年中期,对冲基金行业报告称第一季度亏损了 150 亿美元,"因为投资者对高收费和低回报表示不满"。[6]

普通人也"用脚投票"反对表现不佳的基金经理,2016 年 6

月有 217 亿美元从股票基金流出到低费率的指数基金，这是自 2008 年 10 月以来的最大单月流出。

如果你不认为自己是一个专业的投资者（即使你这么自认），你也会把资金做这样的转移。有证据表明，投资个股或主动基金不太可能战胜市场，这一点自先锋基金于 1975 年创建第一只跟踪标普 500 指数的指数基金以来就没有变过。

每隔几年，金融媒体就会发表研究文章，称所有主动投资者（无论是个人、共同基金还是对冲基金）都无法击败风险调整后的基准指数。资深金融顾问兼作家拉里·斯威德罗（Larry Swedroe）称，积极管理的投资账户是"输家的游戏"。[7] 在他的书和文章中，拉里直言不讳地提倡被动投资策略，例如购买包含多种资产类别（股票、债券、REITs）的被动工具（比如指数基金或场内基金），这些基金的周转率有限、管理费用低、纳税义务少。拉里最近提到的晨星公司的一份报告指出，在到 2014 年为止的 15 年间，维度基金顾问公司（Dimensional Fund Advisors，过去曾提供过一些改良的指数基金产品）旗下的美国和国际被动基金的收益比同期主动管理的美国和国际基金高 80%。2015 年，先锋 500 指数基金的收益比主动基金高 77%。晨星还透露，在截至 2015 年的 10 年间，只有 20% 的主动基金表现优于先锋 500 指数基金。[8]

令人惊讶的是，数以百万计的投资者继续指望依靠他们的能力来挑选股票或聘请基金经理来为他们做这件事。即使不算费用，这些基金经理也很少跑赢指数。如果你把他们的费用算进去，只有不到5%的人持续超过平均水平。一些研究表明，真实比例甚至低于这个数字。

成为被动投资者不仅能帮你规避高额的费用，还可以让你不必整天盯着投资组合（或盯着智能手机），你甚至一辈子都不用这么做。请记住，即使你从不打电话让经纪人去买卖，你活跃的基金经理也可能在不断地疯狂交易，你也会因此成为一个非常活跃的投资者。

然而，作为被动投资者并不意味着在选择投资对象后就可以去钓鱼。即使在使用被动工具时，你也必须注意你的投资发生了什么，以及在全球经济中有什么可能会影响到你的投资。长期看来，组合配置应该随着投资者年龄的增长或金融世界的变化而发生变化。

这里的关键是：普通人想成为一个成功的投资者很难，创业者去做这样的转身也困难重重。你需要首先设定一个较低的期望值。

被动投资的好处非常多，可以获得不输于沃伦·巴菲特这样的顶级投资者的年化收益——他1965～2012年获得了19.7%的年化收益，这是大多数投资者应该走的路。巴菲特在其2014年度致股东的信中透露，他建议他的继承者把60多亿美元的遗产拿来做这些事情："将10%的现金投入短期政府债券，90%投入一只成本非常低的标普500指数基金（建议选择先锋基金的产品）。我相信，这项决定带来的长期效益将优于大多数投资者——无论是养老基金、投资机构还是个人投资者，因为他们雇用了收费高昂的基金经理。"[9]

注释

1. David Russell, interview (August 28, 2015).
2. "The Influential Investor: How Investor Behavior Is Driving Performance," State Street Center for Applied Research Study (2012).
3. Gary Belsky, "Why We Think We're Better Investors Than We Are," *New York Times* (March 25, 2016).
4. S&P Dow Jones Indices, "Does Past Performance Matter: The Persistence Scorecard," McGraw Hill Financial, http://www.spindices.com/documents/spiva/persistence-scorecard-june-2014.pdf.
5. "Hedge Funds Struggle with Steep Losses and High Expectations," *New York Times DealBook* (December 28, 2015).
6. Lindsay Fortado and Mary Childs, "Weather-Tracker Offers Rare Ray of Hedge Fund Sunshine," *Financial Times* (June 12, 2016).
7. Larry Swedroe, "Avoid the Loser's Game," ETF.com (February 27, 2015).
8. Ibid.
9. Warren Buffett, 2013 annual letter to investors (March 3, 2014).

THINK
BIGGER

第 33 课

谨慎对待多样化

让投资组合多样化是我多年来学到的最有价值的经验之一,这可以让两个互为交易对手的人都成为成功的投资者——其中一方认为某项资产的价格在上涨,另一方却有理由相信它在下跌。

以我和我的朋友戴维·拉塞尔为例。我们对石油的看法完全不同。当我在 2017 年写这篇文章时,我认为全球变暖是由化石燃料引起的。这不仅意味着一些石油公司未来会因为低油价而破产,我还认为,化石燃料污染加速了气候变化,会使这个市场的未来受到质疑。2016 年是有记录以来最热的一年。特朗普的当选可能在短期内改变油价走势,但气候变化将决定油价长期走势。我相信,如果我们想作为一个物种生存下去,并过上正常、文明的生活,我们必须尽快停止使用化石燃料。

在短期内，中东国家需要石油收入来推动社会项目以应对动乱，这迫使它们增加产出。与此同时，页岩油水力压裂革命让美国现在拥有世界上最大的石油储备，并取代欧佩克成为世界上最大的产油国，外国石油生产商已经失去了定价权。有了水力压裂，不管你喜不喜欢，美国可以在一瞬间提高产量，而不是过去可能需要的2～4年的时间。再加上可再生能源的飞速增长（太阳能和风能的增长速度比预期的要快），不管你对环境怎么看，石油业的长期前景都不乐观。当然，有些事件可能会改变这一前景。针对主要石油生产设施的恐怖袭击、中东地区更多的战争，或者产油国结盟（虽然不太可能），这些事件会从根本上削减石油供应。与此同时，政客们不太可能恢复煤电策略，因为除非为了特定目的，煤炭发电根本就不经济。我相信煤炭的消亡预示着石油的未来，虽然石油的衰落将是缓慢的。目前石油还支持着全球运输业，然而由特斯拉开启的电动汽车革命，以及即将到来的电动卡车革命，将使越来越多的电动汽车和卡车在未来几年进入市场。

补充一点，这只是我的个人观点，不是所有的 Tiger 21 成员都同意。我们有的成员不相信气候变化，也不相信全球变暖是人为的。还有一些人认为限制气候变化的经济代价太高，人类无法承受。我尊重这些不同的观点，尽管我完全不同意。如此健康和诚实的意见分歧是我们的 Tiger 21 会议如此有趣的原因。

更广泛地说，我们中的任何一方在能源押注上都可能是对的，也可能是错的。但是，只要我们谨慎地将组合多元化，那么在能源押注（无论押注哪一方）中输掉的人就有可能用多元化投资组合中其他组成部分的利润来抵消这些损失。

我们的秘密小组会议的目的是鼓励会议室里的每一位成员（他们通常都是非常聪明的人，有深刻但不尽相同的观点）分享许多不同的意见和选择，并一起面对挑战。倾听所有这些观点，可以让成员们挑选最能与自己的理解产生共鸣的想法或潜在解决方案，并据此采取行动。

我们所有的成员都认同多样化的好处：一个结构良好的投资组合能平衡它内部的风险，它没有不必要的风险敞口，并且能产生相当不错的回报。但多样化并非易事。事实上，这是创业者在学习如何成为合格投资者（更不用说成功的投资者）时面临的最困难的挑战之一。在经营企业时，许多创业者感觉自己就像在骑着野马，他们要么骑到终点宣布成功，要么失去控制摔倒在地。大多数情况下，创业者取得巨大成功的方法是专注于培育和创造单一的机会，或迎接一个特定的挑战（而不是所有挑战）。有时这个过程长达数十年。

伟大的投资者通常都是拼图大师，他们努力让投资组合的每一片融入其他部分。这样做会带来长期收益，虽然一个月甚至一年还看不出来。就如我们之前谈过的，风险只存在于旁观者的眼中。

但风险仍然存在。

作为一个投资游戏中的幸存者，我学到了一点：在投资组合中加入最有效市场（如公共股票市场）的最有效投资（如指数基金）。与此同时，也要关注那些效率较低但可能具有优势的市场，这就是为什么在小组中，2016年房地产和私募基金分别以28%和23%的配置率达到历史最高水平。同时，能源市场是相当有效的，但作为一名缺乏石油交易经验的前房地产商，你将没有任何优势。

每个投资者都必须了解什么是谨慎的多元化。Tiger 21成员有个缺点：他们不知道从一个痴迷单一机会的创业者，过渡到一个财富守护者，需要如何适应平衡的被动投资。当然过分迷恋多元化也存在一定风险，这就是为什么我们的团队经常讨论避免"过度多元化"。有时候多元化会适得其反。一个有100只股票的投资组合所能获得的回报与一个较小的投资组合（一个品种较少、风险较大的投资组合）几乎相同。但当你需要做出改变时，品种较少的投资组合可能更容易重新定向。更集中的投资组合实际上会比包含100只股票的投资组合表现更好，而且风险更小。当然，被动指数基金可能会比这两者都好。

虽然通往成功的道路很多，但每个人处理复杂情况的能力不尽相同。从值得尊敬的几百位伙伴的经验来看，一个理想的投资组合应该有20～30个不同品种（或者项目）。尽管这个数字看起来很武断，但对于管理价值数千万或数亿美元的涉及许多不同资产类别的投资组合来说，这是一个重要的参考数字，尤其是对那些第一次面对财富保值挑战并试图找到一些衡量标准的人来说。

尽量把每个品种的仓位维持在 3% ～ 5%，这是衡量仓位是太大还是太小的标准。如果仓位太小，获得的回报就会微不足道。太小的头寸有时也会让你心烦意乱。

是的，有一些非常成功的投资者，他们只选择品种非常少的组合，并且声称他们的成功来自敢于重仓。但在投资组合中保持 20 ～ 30 个不同的品种的观点已经在 Tiger 21 中流行多年，对我来说仍然是重要的数字。

一般来说，风险投资被认为是另类投资，风险要高得多，但一旦成功则收益巨大。许多有经验的风险投资家认为，敢于投入自己 20% ～ 30% 的资产是参与者的门槛。一些观点认为这个比率应该要到 50%。但我依然坚持认为，风险投资只能作为资产配置的一种，只能占多元化投资者投资组合的 5% ～ 20%。

THINK
BIGGER

第 34 课

节省开支

我创立 Tiger 21 的时候,股市正处于历史高位,以至于许多金融分析专家预测道指将升到 40 000 点。但不到两年后,由于互联网泡沫的破灭和"9·11"事件,牛市就结束了。接着市场刚开始复苏,信贷市场就被冻结了,2007～2008 年的金融危机来临。然后又出现了大衰退,痛苦蔓延到整个经济体。美国富人的净资产缩水了 20%～30%。许多人损失得更多,许多美国中产阶级的状况倒退了一大步,直到今天许多人还没有恢复过来。

每当你认为自己已经掌握了市场趋势,环境就会发生变化。

这是千真万确的,那么一个能力普通的投资者如何才能保全自己的财产呢？2008 年危机之后，Tiger 21 的成员们采取了多种策略来应对：我们减少了股票敞口，缩短了固定收益投资组合的久期（加权平均期限）以抵御利率上升，提高了持有现金的数量，甚至购买了一些黄金。将风险从投资组合中剔除后，许多人的投资变得更加保守了，但收入也减少得更厉害。同时，总有一些投资者继续在低迷的股市中追逐高收益率，而另一些人保留本金来提供生活开支。我们都希望经济衰退是暂时的。

然而，这并不是暂时的。美联储将利率降至几乎为零，以图刺激经济增长，这一情况让任何靠投资为生的人都面临挑战。实际利率变为负数的环境改变了被动投资者的游戏规则。仅仅是为了不退步，就不得不寻求更多的收益，这意味着要承担更多的风险。

以一位拥有一家年收入 300 万美元的公司的女士为例。假设她以 2000 万美元（几乎是年收入的 7 倍）卖出了公司，对许多传统公司来说，这是一个很好的价格。税后剩下 1600 万美元现金，如果她依赖这些现金建立一个保守的投资组合，年化收益率为 3%，那么实际上在这个危险的环境中，她算是做得相当好的。但坏消息是：她每年只能支出 48 万美元（包括这些收入应缴纳的税款）。虽然这种开销依然属于上流社会，但在出售公司前，当她年收入 300 万美元时，她每年可以支出更多，而现在的年收入降低了 84%。无论如何，如此巨大的落差都会带给你极大的负面情绪。

对每个人来说，资产本身都是毫无价值的，重要的是它的购买力：扣除通货膨胀因素，资产每年产生多少收入，这些钱能买什么。举个例子来证明通货膨胀的威力：2015 年 1000 美元的购买力等同于 1914 年的 41.26 美元，下降了 96%。如果我们刚才提到的企业家在 1995 年卖掉了她的公司，那么根据经通货膨胀调整的消费者价格指数，到 2015 年，她所拥有的 1600 万美元的税后购买力将下降 36%。[1]

这意味着，任何靠储蓄为生的人都必须获得高于通货膨胀率的资本回报，才能站稳脚跟。而为了维持他们的生活方式，他们将需要更多的收入。在我写这篇文章的时候，美联储声称通货膨胀率会低于 2%，并将持续一段时间。但如果你单看富人消费的商品和服务，近年来价格已经大幅上涨，可能是基准年增长率 2% 的两倍。[2] 尽管全国各地的住宅房地产价格仍然较低，但在一些城市地区（如曼哈顿）的高档住宅价格继续飞涨。

但让我们假设政府的估计正确。近年来，短期国库券利率实际上为零，实际利率（经通货膨胀调整后）为 –2% ～ –3%。换句话说，即使你把钱放在世界上最安全的投资场所，它每年也会被侵蚀 2% ～ 3%。天哪！

我认识的大多数成功创业者都告诉我，在他们积累财富的岁月里（通常从 20 多岁到 40 多岁），他们通常只花费不到净收入的 50%，把剩下的钱存起来或投入到他们的生意中。自金融危机以来，许多人都继续维持他们默认的节俭模式。许多 Tiger 21 成员已经削减了 50% 的开支，每年的开销相当于大约 2% 的净资产。没有人需要同情，但事实是，在二战结束后的 70 年间，这种事情第一次发生。今天任何靠财富生活的人都在黑暗中摸索。

过度开销是一个严重的问题。想象一个非主流的艺人或运动员，一年挣100万美元，靠税后收入60万美元精打细算地生活，这已经算是有很好的生活习惯了（甚至可以说吝啬）。但在其20年的职业生涯结束时，除了满身的伤病和人走茶凉的粉丝，他没能存下一分钱：2000万美元的职业生涯收入全部花光，然后破产！但假如这位明星拥有一定的纪律性，靠50万美元生活，每年节省10万美元，平均年化收益率为10%（只是方便计算，在当今的环境下这是不现实的），那么20年后他就还剩630万美元。又假设他一年只花费40万美元，他的储蓄会翻一番，达到1260万美元。

复利和纪律的组合威力是无穷的。是的，削减开支和储蓄很困难，除非你想积累财富。金融危机和我们的低利率社会让我认识的许多富人明白，存钱比赚钱容易。实现存钱这一目标的唯一办法就是少花钱。

注释

1. Based on the United States Department of Labor, Bureau of Labor Statistics CPI Calculator, https://www.bls.gov/data/inflation_calculator.htm.
2. Federal Reserve, "Why Does the Federal Reserve Aim for 2 Percent Inflation Over Time?" FederalReserve.gov (January 26, 2015).

THINK
BIGGER

第 35 课

财富传承

我猜你会被这一课的标题所吸引。这很好,因为把财富传给后代是极其重要的,创业者应该尽早开始考虑这个问题。在我的孩子从大学毕业后,这是每天萦绕在我脑海里的事情。

在经历了 19 年的 30 次会议之后,我很确信,我们大多数成员心中的首要问题是:我应该如何支持我的孩子,而又不宠坏他们,不摧毁他们的雄心壮志?

很多成员都说,在孩子成长的过程中,他们没有像孩子希望的那样经常送礼物。但现在不一样了,他们渴望为孩子做正确的事情。他们在思考:应该留下多少财富给后代?应该让孩子在多大的时候学会自立？应该平等地分配遗产给每个孩子吗？有没有其他更公平的方式来分配财富呢？

爱有很多种形式，在我认识的很多有钱人中，爱却显得有点残酷。我认识的一些人会坚持只把自己财富的一小部分留给子女，或者推迟分配财产直到他们自己死后，那时他们的孩子可能已经人到中年或更大。这背后的动机常常是希望强迫孩子通过自己追寻成功来获得锻炼，因为"他们已经从我这里得到了很多好处"；或者是传授孩子依靠自己获得成功的经验，"就像我做到的那样"。

然而，孩子不能复制父母的经验，因为他们已经在一个富裕的家庭里长大，或者至少父母的成就可能远远超过了祖父母。这一策略也没有考虑到，有时候父母不仅需要养育孩子，也需要在他们生命中的关键时刻拉他们一把。

我自己的想法是，除非有特殊情况，否则遗嘱应该平等对待所有孩子。因为如果遗产分配不平等的话，可能会给分得较少的孩子留下深深的情感伤痕。我指的特殊情况不是那些有疾病或发育问题的孩子，他们在父母去世后可能需要特殊的信托基金，不过如果财富足够的话，依然可以给予平等的分配并且涵盖这种护理。我指的特殊情况有以下几种：

- 一个热心于公共服务的家庭会建立一种机制，给那些为政府工作、当教师或从事其他公共服务的孩子提供额外的支持。
- 一个持续几代经营农场的家庭，应该给那些选择继续经营农场的孩子多些支持。
- 一个鼓励后代成为神职人员的家庭，应该为选择这条道路的孩子提供额外的经济支持。
- 当一个孩子破产而无法养活自己的后代，而另一个孩子却获得了巨大的成功时，父母应该为经济较差的孙辈设立特别信托基金。

如果不能完全一模一样地对待孩子，而打算在某些方面有区别，那么父母在决定这么做时，应该尽早清楚地对孩子解释自己的观点，这样才会成功（也就是说，得到的较少的孩子应该感受到同样的爱和关心）。父母也应该把决定建立在长期维系家庭的核心价值观之上。

我们曾经在我的一个小组里做过角色扮演：贝蒂是一位 55 岁的教师，她 52 岁的妹妹苏茜是一位成功的投资银行家，两人时常抱怨她们 49 岁的懒惰弟弟霍华德。一天，当苏茜问贝蒂是否应该和他们 90 岁的父亲谈遗嘱时，贝蒂惊呆了，她说："你已经非常富有了。难道你还想从父亲那里分钱？"这让苏茜很恼火，她也有自己的想法："30 年来，你每天下午 3 点从没什么压力的学校回家，一生中从未在周末工作过。你没有经历过乘坐红眼航班[一]去洛杉矶开一个重要的晨会，你也没有从事过任何危险的工作。而我挣的每一分钱都来自自己的摸爬滚打。我不知道你为什么认为我没资格得到父亲 1/3 的遗产。如果霍华德因为懒惰而得到什么特别奖励，我根本无法接受。"于是，一场马拉松式的家庭纠纷、一起代价高

[一] 红眼航班指在深夜至凌晨运行的航班。

昂的诉讼和一次长期的心理治疗开始了。

孩子的生活也会在你制订了遗产计划之后发生变化：你起草遗嘱时，你的女儿在华尔街有好工作，但在你死后发生的经济衰退中，她失去了工作；你的儿子以后可能会比你的女儿有更多的孩子要接受教育；你的某个子女或孙子孙女可能会生病或残疾。现在看起来公平的事情，以后可能就不公平了。

许多成员已经为他们的孩子成立了信托基金，这些基金将持续到孩子40多岁、50多岁，甚至更久。但不利的一面是，孩子们将在成年后的大部分时间里与第三方（作为"恳求者"与第三方）就本来属于他们自己的财富进行谈判。我不希望这发生在我孩子的身上。

一位亲戚想出了另一种值得思考的方法：他打算把尽可能多的资产直接留给自己的孩子（而不是通过信托基金）。幸运的是，几个孩子已经年近20，对自己的人生轨迹已经有了相当清晰的认识。他的目标是让孩子们能够以所有者的身份来管理这些资产，而不是依赖于顾问和受托人。

但这种方法并非没有风险。直接所有权可能会使这些资产在孩子离婚时被视为共同财产（可以签署婚前协议，但会带来其他问题），或者将他们置于破产诉讼风险中（尽管这些资产可以全部或部分交给信托基金控制）。尽管如此，它也不失为一种选择，即让财富给予孩子权力而不是让他们产生依赖。

与此同时，很多财富管理者看到了一个很有吸引力的市场，即帮助富有家庭"管理财富的影响"。很多公司成立新的部门聘请了财富教练,开设帮助青少年了解金融和投资的课程。当然,少不了的是高额年费。但在听取任何建议前,投资者必须清楚自己的使命。

最近我参加了一个 Tiger 21 招募某位新成员的会议。这位新成员告诉我们,他有一笔可以带来丰厚回报的投资,但他也在考虑这笔意外财富可能会带来的新问题。当谈到他的孩子时,我问他是否考虑过把他们也包括在投资人中。因为投资是在几年前开始的,如果他的孩子也做投资人,他们就可以直接获得利润,并且避免遗产税。然后,我问他想留多少财富给他的孩子,他回答说:"我不打算留给他们任何东西……"就在我试着控制自己的情绪不要发作的时候,他的补充让我惊讶:"我准备把一切都投资在他们身上。"

这是一个令我惊叹的时刻。简单概括,这位成功的创业者让我想清楚了多年来我一直在思考的一个问题。他突然改变了游戏规则:从"把遗产留给孩子"到"投资他们的未来"。投资意味着伙伴关系和目的性,它让你抱着获得回报的期望,无论是情感上的、身体上的,还是财务上的。突然间,我想起我读研究生的花费,这也算是我对未来的投资,而不是开支。我有了一个新的滤镜来看待投资(比如瑜伽工作室、我的公司)的潜在商业风险,甚至某些生活方式的改善,比如搬到新的公寓。

我想起了最近和一些非常成功的朋友的谈话。其中一位的孩子都已经大学毕业了,或多或少都能自食其力,有些在非营利组织工作，生活得很简朴，他对此非常自豪。最后，他们都从家庭"断奶"了。这一切看起来很好，但从 35 岁开始（或者更早，如果父母去世的话），每个孩子都将继承数百万美元的财产，他们很少或者根本没有管理和投资这些财产的经验。

另一个朋友有一个儿子，正努力在即将到来的毕业空档年做些什么。在获得学位后，开始在一家顶级环境机构实习前，他有一年的空档期。这个年轻人正在思考他应该做什么：是在一家顶级咨询公司工作（他可能在那里为制造污染的公司提供咨询服务），还是在一家世界级的环保非营利组织做志愿者？后者可能会有 4～6 个月的时间周游全球，带给这位未来的环境顾问一些直接的经验和独特的见解，并能帮助解决未来几年工作上的一些问题。

因为想教导孩子如何负责任地管理财富，这个朋友已经把大量资产转移给了他的儿子。他鼓励儿子在未来的空档年里，不要考虑生存压力，而要用最能提升他职业生涯长远发展的视角来思考。

对传承财富感到陌生的第一代财富创造者，更容易背弃一些久经考验的中产阶级价值观，这些价值观是他们成功的基础：良好的工作习惯、个人纪律和独立性。无论一个家庭有多少财富，父母都应该在孩子身上培养这些价值观。但现实是，财富将以某种形式给孩子们带来负担。

我们的目标应该是培养和训练孩子们理解财富的意义，以及如何谨慎地管理财富，让他们过上有意义和美好的生活，而不是让财富成为一种困扰，或者更糟的是，成为一种自我毁灭的力量。这不是一件容易的事。但是，早早地梳理清楚这里互相冲突的价值观，放松紧张关系，并对孩子们公开你的想法，会让你避免未来不必要的遗憾。

不要给你的孩子任何东西，但要愿意把一切都投资到他们身上。大家不妨试试，看看是否有效。

THINK
BIGGER

第 36 课

考虑购买人寿保险

本杰明·富兰克林有句名言:"世界上有两样东西你永远无法逃避,那就是死亡和税收。"然而,大多数成功的创业者在他们步入中年并以数千万美元的价格卖掉自己的企业之后,才开始对这些必然事件做准备。也许是天生的乐观主义(这会激发他们冒险创业的能力),让他们对死亡视而不见。

我发现很多读者(尤其是年轻人)都在问,当他们还没有家庭或财产的时候,为什么要考虑人寿保险或财产规划。提前准备很重要,它可以决定所有者意外死亡后能否保住一家公司,而且可以为家人和毕生心血省下数百万美元。

让我们从人寿保险开始。当一个人的生命走到尽头,需要如何准备才能让继承者少付遗产税呢？市面上有许多关于人寿保险利弊的书，而我是这么看的：你越年轻，身体越健康，购买人寿保险的保费就越便宜。而且，尽管对于享尽天年的人而言，人寿保险只能算是一个价格公道的投资，但是如果投保人不幸过早死亡，这笔投资是可以带来高回报的，并可以让你想留给继承人的资产（如企业、建筑物、农场和艺术品）不被清算。

在过去的几十年里，曾经有许多人寿保险单的预期年化收益率（甚至是保底收益率）在7%以上。然而，如今的收益率可能只有5%或更低。如果你的人寿保险单的受益人是你的继承人，这5%的复利回报就是免所得税和遗产税的。这没什么好忌讳的，如果你活得比预期寿命长，收益率就会下降；如果相反，收益率就会上升。如果很不幸，这一天来得更早，收益率就会上升很多，也许会急剧上升。打个比方，对于一份价值500万美元的人寿保险，被保险人每年要支付30万美元的保费，保险公司希望在20年或30年内收到这些预付款并用于投资。如果被保险人在第三年意外死亡，他90万美元的投资就产生了500万美元的回报。

我这里指的人寿保险是那种在一段时间内支付保费，然后被保险人在付费期后的许多年（或直到死亡）得到保障的保险。一部分早期的保费将由保险公司拿去投资，保单的收益除了在死亡时支付的保障性福利外，还有在投资中获得的一定回报。与其迷失在数字中，不如简单地考虑一下支付的总金额、收到的死亡抚恤金总额，以及这一系列支付和最终收入所隐含的经济回报。当然，有数不清的保险可以选择，我并不是经纪人（我也不提供保险建议）。但对于一个年轻的创业者来说，合适的人寿保险可能比第一眼看上去更有价值。

对我来说，买人寿保险有点像买割草机。如果你住在偏僻的地方或沙漠里，买割草机完全是浪费钱；但如果创业者拥有农场、房地产、私人公司或非流动资产，人寿保险就可以大幅增加他们留给继承人的净遗产。在许多情况下，正确的人寿保险和遗产的组合能避免清算资产（以支付遗产税），人们可以将这些资产的处置权留给后人。这样做也许可以避免一个糟糕的销售时机，或者避免对企业造成灾难性的影响（因为资产可能尚未完全到期，房地产价格也可能暂时陷入低迷）。在这些情况下，很少有其他工具能像人寿保险那样有效。

这让我想起一则寓言：

> 我住在弗吉尼亚州的亚历山德里亚，在最高法院附近有一座横跨波托马克河的收费的桥。只有在非常着急回家的时候，我才会付一美元的过桥费。而通常情况下，我会绕路到市区外，从一座免费的桥上穿过波托马克河。
>
> 这座桥位于华盛顿特区的郊区，它存在的目的只有一点：让司机多开一英里来缓解高峰时段的交通拥堵。
>
> 如果我不缴费就过收费的桥，我就是在逃税。
>
> 然而，如果我多开一英里到华盛顿市区外走免费的桥，我就使用了合法、合理、合适的避税方法，而且这样做对社会有益。

逃税应该受到惩罚，但避税应该受到表扬。

大多数人生悲剧在于，极少有人知道免费的桥的存在！[1]

我们很多人一直在合法地避税，甚至你可能没有意识到这一点。每一个拥有人寿保险、个人退休账户，或者为学校、教堂或任何其他慈善机构提供免税捐款的人都已经跨越了合法避税的免费桥梁。

这就把我们带到了一个更为复杂的问题上，我所认识的许多杰出的创业者往往不清楚合法避税和遗产规划。

注释

1. This story is often attributed erroneously to Louis D. Brandeis, who didn't live in Alexandria.

THINK
BIGGER

第 37 课

我们生活在税后的世界里

关于投资（生前）和遗产规划（死后），我们最核心的发现是：我们大部分想法都基于税前收益规划，而实际结果却由税后收益决定。用税前预期收益率来比较两项投资，这看起来合理，但实际上这种分析掩盖了净收益的真实情况。税收对两项投资的影响大不相同，在税前世界中看似成功的策略，在我们实际生活的税后世界中却会变成失败的策略。

这里发挥作用的不仅有税率，也有时间因素。这可以用一个例子说明：假设两项投资的预期时长为 20 年。第一项投资是 100 美元债券，每年支付 8% 的利息，利息按联邦和州所得税 5% 的综合税率计算。假设利息再投资后可以有同样的收益率，那么 100 美元在投资 20 年后增长到税后 2190 美元。第二项投资将 100 美元投资于一种每年增长 7% 的股票，并在第 20 年的年末卖出，股票涨到 3870 美元。在支付了与资本收益相关的各种税款（总税率约为 35%）后，投资者净赚 2860 美元。在税后的基础上，第二项投资（以每年 7% 的速度增长的股票）比第一项投资（以每年 8% 的速度增长的债券）在价值上高出 30%！此外，如果投资者对慈善事业感兴趣，他可以在缴税前捐赠股票的增值部分。

但有多少人会选择预期收益率为 7% 的股票，而不选同期 8% 的债券呢？这是一个相对简单的例子，它说明人们是多么容易被税前收益评估所愚弄。

大多数创业者在创业期间并不关注这个问题，因为他们拥有的最大资产是企业的股权，而在被出售之前，股权是一直免税的。与其他伙伴相比，房地产业主虽然没有税收优惠，但他们也有手段在出售或遗产继承时降低最终的税收负担。

罗恩·韦纳说，大多数创业者都未能将自己的资产组合以最大化税后收益的方式出售或留给继承人。罗恩是纽约一家备受推崇的精英会计师事务所的高级合伙人，是投资和房地产方面的大师。他解释说："创业者的本性之一是高度关注目标，对他们来说，靶心就是企业。"[1] 而讽刺的是，这种一心一意获得的收入的所得税高达约 50%，而遗产税又会吞噬掉剩余收入的约 50%。结果就是，你的继承人只能得到剩下的 25%，而其他 75% 用来交税了。即使对于资本收益，你的继承人也只能继承 1/3。

"只要做一点遗产规划，创业者就可以给他们的继承人留下更多的遗产。"罗恩说，"聪明人通常能自己解决问题，这一切本来是可以避免的。"

明智的遗产规划还可以让你的财富产生更大的社会效益。1998年，我打算卖掉一些在房地产合伙企业的权益，以及在这些合伙企业的管理公司中的股份。在出售前，我将自己在管理公司中的权益捐给了自己的基金会，这样在出售时，收益将归属于基金会。结果就是，出售完成后，基金会获得了数百万美元去开展慈善活动，而不必等到我死后再去这么做。

可能有些愤世嫉俗者会争辩说，正是这种遗产规划造成了高额的政府财政赤字，但我拒绝接受这一指控。

在美国，我们的家庭基金会已经投入了很多资金到教育和对抗气候变化的项目中。世界上有些国家可能以征收高额税收的形式来支持这些项目，但这不应该是美国的方式。就我所居住的费城来说，即使税率很高，我们真实交的税加上我们的慈善捐款也超过了我们可能要交的税（如果政府能支付这些慈善支出，那我们就不必交了）。有一个例子可以说明税收规划是如何产生巨大差异的：美国人的财富主要来自股权、股票或企业产权。现行税法鼓励准备退出企业的私营企业主通过一种称为员工持股计划（ESOP）的法律结构将企业出售给员工。在某些情况下，卖方可以在出售时免于缴纳所得税，前提是其在企业中的股份被交换为其他投资，而这些新投资最终在被出售时需要支付全部税款。然而，与此同时，这些税前收益已经通过再投资产生了额外的收益。

很多打算出售企业的人并不清楚怎么做才能有税收优惠。你可以把子女作为合作伙伴带到企业里来，这会有一个税收上的好处：如果企业所有权完全归属于父母，那么遗产税就会很重，子女就会被迫出售企业，或者只能继承企业的部分资产；但如果子女从一开始就是企业的部分所有者，在企业价值低得多的时候拥有了企业的一部分，那么在父母去世时，征收的遗产税将少得多。你需要制订一个明智的长期计划来将家族企业传承给子女，这样不仅可以降低遗产税，也可以避免因继承而导致的出售或清算。很多资产所有者总是把自己有生之年的问题（例如自己对资产的绝对控制权和使用权）放于首要位置，而把继承问题放在次要位置。这没有错，然而，你也需要深思熟虑关于子女、其他继承人或受益人最终获得的收益净值减少 25%～50% 的问题。这一转变不是自然而然发生的，你需要有意识地考虑这些问题。以上只是非常简单的例子，为了最大限度地提高可以继承的财产价值，还有许多其他可以合理避税的方法和措施。但不管怎样，做到这一切的前提是你要开始从税后回报（收入、资本利得和遗产）的角度考虑问题，否则就会走错方向。

你问我为什么老在思考这个问题？因为正如阿尔伯特·爱因斯坦所说："宇宙中最强大的力量是复利的力量。"举个例子，假设一个家族的大家长死于 1986 年，他庄园里的 3 栋楼价值 100 万美元。让我们把例子简化一下，假设遗产税是 100 万美元的 50%，也就是 50 万美元。

幸运的是，这位大家长在去世 3 年前购买了一份价值 50 万美元的人寿保险，每年支付 1.5 万美元的保费（这位大家长很年轻，所以保费很低）。如果没有这项保险开销，遗产可能会多出 4.5 万美元，税前总额将略高于 100 万美元。然而，现在保险产生的 50 万美元的收益（因为保险是由一个儿童保险信托基金持有的，而这里我不会讨论信托基金的资金来源）完全覆盖了遗产税，因此继承人可以保留 3 栋楼，而不需要通过借钱或者售卖房子来支付遗产税。

30 年过去了。由于这些建筑被完整地保留了下来，那位大家长的儿子在接手后实现了这一组资产的明显升值：资产以 14% 的复合增长率增长，在 30 年的时间里，1 美元变成了 50 美元。1986 年价值 100 万美元的 3 栋楼现在变成了价值 5000 万美元的 20 栋楼。上一代纽约等大城市的顶级房地产创业者实际上都享受到了这种升值。

如果没有这项保险来支付遗产税，税前的 105 万美元遗产在缴税后将变为 52.2 万美元。支付遗产税的现金将以抵押 3 栋楼的形式借得，这将使得儿子无法像以前那样积极运作资产。更糟糕的是，其中 1 栋楼在 1987 年的大崩盘中失去了唯一的承租人，银行取消了抵押贷款的赎回权，并收走了这栋楼。经过多年的努力，在弥补了这栋重要的楼的损失后，儿子仍然实现了 9% 的惊人增长率（今天看来确实令人羡慕）。30 年后，这 9% 的增长率将 1 美元变成了 13 美元，52.2 万美元变成了 680 万美元。

5000 万美元是 680 万美元的 7 倍多，而所有这些差距都是因为一份人寿保险单，它只在大家长生命的最后 3 年花费了 4.5 万美元。

我很惊讶，当涉及自己的遗产规划时，本来非常精明的人表现得就好像一年级学生。对与死亡相关的情感问题的回避，使得他们无法直面那些与家庭最大利益相关的问题。

创业者从中学到的教训是，越早将注意力从"以企业为中心"转移到一个关于家族资产积累的更广泛的视角，他们就能越早实现继承人或慈善机构的利益最大化（如果这对他们很重要的话）。

这种转变的关键是认识到你实际上生活在一个税后的世界里。这一点会改变你对每一项投资的态度。

当我在 2017 年春天写这一部分内容时，唐纳德·特朗普表示他将取消遗产税。毫无疑问，这将使之前的许多遗产规划变得不必要，许多家长会感叹之前的心血变得毫无意义，或代价过高。然而我认为，这就好像因为没有事故发生，就抱怨购买汽车保险是一种"浪费"。如果美国目前的趋势持续下去，联邦预算赤字就不太可能会消失。未来的政府仍有可能再次依赖遗产税，这不仅是为了增加财政收入，也是为了税收公平。因此，如果房产税被取消，你最好利用这一段时期，立刻将资产转移给你的孩子，因为如果遗产税恢复，你就不用再付任何税了。

注释

1. Ron Weiner, interview (September 2016).

06
THINK BIGGER

第六阶段

使之有意义

许多Tiger 21的成员在慈善事业上都取得了惊人的成就。有些人不喜欢讨论慈善事业，他们会说："我创办公司就是一种贡献。"意思是，他们创造了大量就业机会或缴纳了大量税款，从而帮助了他们所在的社区。诚然，创造就业机会和做好企业公民很重要，但这就够了吗？

我们的许多成员认为这就够了。多亏了其他同龄成员的力量，他们才改变想法。查理·加西亚是这样描述这种改变的："在他们的职业生涯中，成员们第一次被和同他们一样富有（或者更富有）的同龄人包围，他们告诉你真相——你在做什么？你知道钱还能做更有价值的事情吗？你居然还每天工作21个小时？你还有3个都快不认识你的孩子？表扬一下你自己，你成功了，但请开始关注其他能带给你更大成就感的事情。"

通常情况下，在出售企业获得一笔现金后，创业者们会开始重建家庭关系，这种关系在他们专注于企业时已经被破坏了。接下来，他们会开始思考那些之前忽视的事情。我经常观察到，当一个创业者承诺为他们关心的问题、事业或机构捐赠金钱和付出时间时，他们往往更希望自己能早一点就这样做。

在本书的最后一部分，我们将探讨创业者精神如何使我们的星球变得更好。

THINK
BIGGER

第 38 课

运用你的技能解决社会问题

2012 年,一位才华横溢的创业者拜访了我,在那之前我们十年没有联系了。他想和我谈点事,但没在电话里说具体情况,我们约好见面谈。

有时我会不那么在乎别人的感受。别人问我一个问题,我就吐出一个答案,就像口香糖自动贩卖机。所以当加里·门德尔问我最近过得怎么样时,我告诉他我在生意和健康方面的种种辛苦,包括自上次见面以来我患癌症的经历。当我终于抽空问加里最近忙什么时,我注意到他眼中满是悲伤。当他回答我的问题时,他哭了。

加里告诉我,他五个孩子中最大的一个,布莱恩,曾与药物成瘾做斗争。[1] 加里什么都试过，他把布莱恩送到治疗项目、意志品质项目、寄宿治疗学校和走读治疗学校。十年来，布莱恩的斗争一直是他的生活重心，也是整个门德尔家族的生活重心。

然而，2011年10月20日，加里收到了令他心碎的消息。在最后一次治疗13个月后，布莱恩写了一张充满爱意的便笺，解释说治疗对他不起作用，他不想继续伤害别人。他上吊自杀了，只有25岁。

加里非常伤心。他想知道，作为一个家长，他怎样才能做得更好。他感到非常孤独。加里告诉我，他们镇上的另一个孩子米奇得了癌症，有人为他募捐，并寻找治疗方法。当他死后，镇上的人们哀悼他，并为他立了纪念碑。米奇的父母从所有这些社区支持和爱中得到了安慰。

但没有人为布莱恩的病举办过募捐活动，在他孤独的战斗中也没有人拥抱他。他死后，除了他的家人和最亲密的朋友之外，唯一站在加里一边的人是布莱恩的朋友们。他们中的一些人正在与同样的"恶魔"搏斗。许多人告诉加里，布莱恩帮了他们很多忙，有些人说布莱恩救了他们的命。

加里想做点什么来纪念布莱恩，但他只能躺在床上哭泣。他的妻子把一份虔诚的祈祷书装裱好，放在他的床头柜上。加里告诉我，在最初的几周里，唯一让他活下来的就是一遍又一遍地读第一句话："上帝，请赐予我平静，接受我无法改变的事情。"随着时间的推移，他开始阅读和思考第二句话："有勇气改变我能改变的事情。"在妻子的耐心和鼓励下，他决定采取行动。他所取得的成就是一个典型案例，告诉我们当一个杰出的创业者把自己的才能用在公益事业上时，他能取得什么样的成就。

加里的父亲在康涅狄格州的布里奇波特的一户穷人家长大，后来搬到佛罗里达州，在那里遇到了他后来的妻子，并找到了一份卖二手车的工作。但在真正于"阳光之州"安顿下来之前，加里的父亲接到了一个家乡朋友的电话，说他刚买了一个当地的汉堡包摊。朋友说，如果加里的父亲愿意投入500美元经营这门生意，他就可以得到一半的所有权。

加里和他的哥哥史蒂夫在20世纪60年代长大，大部分空闲时间都在汉堡包摊工作。后来，两人都读了康奈尔大学的酒店管理专业。史蒂夫在一家酒店从事市场研究工作，加里则在庞德罗莎牛排餐厅（Ponderosa Steakhouse）工作，很快就管理了六家餐厅，他很喜欢这份工作。然后加里接到了他父亲合伙人的电话，说如果加里同意经营，他可以在康涅狄格州费尔菲尔德的一家汉堡包餐厅分得一份股权。

"当你有机会拥有某样东西时，"加里说，"你就要紧紧抓住它。"他的餐厅开张后，在感恩节晚餐时，他决定与兄弟合作进入酒店业务领域，于是他准备物色第二个店址。那是20世纪80年代早期，小企业开始发现计算机的威力。在掌握了Lotus 1-2-3电子表格程序后，加里开发了一个评估酒店价值的定价模型，而史蒂夫则开始寻找投资机会。

很快，他们决定收购一家位于康涅狄格州、离通用电气总部两英里的万豪酒店。凭借着加里开发的定价模型，门德尔兄弟说服了80位投资者每人拿出了10.7万美元。"我们拿着32万美元的定金，就好像是拿着10亿美元的巨款。"加里回忆道，"然后我们找了一间办公室，雇用了一名助理，买了两张价值20美元的桌子。"接下来，史蒂夫在新泽西州拿到了一块地，募集了1100万美元的投资建了一家酒店。酒店开张后估值迅速涨到了1500万美元。

到1990年，兄弟俩已经拥有了六家酒店。然后经济衰退袭来，他们与美国最大的酒店咨询公司达成协议，收购了后者半数的国际业务。于是史蒂夫搬到伦敦发展，加里继续经营美国的酒店，并削减开支以渡过难关。

1992年，加里发现入住率开始缓慢上升，于是重新开始收购酒店。在说服投资者支持他后，他以6000万美元收购了四家酒店。一年之内，这些酒店的价值就涨到8000万美元。随后保诚保险公司联系加里，提出以一亿美元入股，问门德尔兄弟是否同意合作？

是的，门德尔兄弟同意了！

随着酒店资产的迅速增值，1997年，门德尔兄弟和保诚保险公司以三亿美元的价格将资产出售给喜达屋酒店信托公司，加里加入董事会并担任董事长。接下来是一段令人兴奋的时光，喜达屋先是收购了威斯汀的连锁酒店，随后又收购了喜来登的，但加里始终觉得自己不过是一家日益壮大的公司的一小部分，于是决定离开。

像许多卖掉自己生意的人一样，加里突然意识到自己孤身一人,只能从事一份他没有准备好的新工作:财富经理。很快,加里意识到自己没有想象中那么富有。

当加里与喜达屋签署资产出售协议时,他获得的是数百万股喜达屋股票,这些股票在几个月内翻了一番(账面上)。但在大约一年后,股价大幅下跌。在售出所持股份时,他又付了很多税。他很快意识到,他的剩余资产不多了,如果只做被动投资,将不能产生很多收入。

在多年来我们所处的低利率环境下,大多数创业者出售企业后的经历都非常类似:缴很高的税,然后把剩余资产用于被动投资,最终发现收入大大降低。沿着这条路径走下来,虽然你的风险非常小,但你肯定会感到惊讶和失落。举一个简单的例子:一家企业的年净利润为200万美元,以7倍的价格售出,获得1400万美元,所得税大约为300万美元,创业者最终获得1100万美元。假设被动投资的年化收益率为3%,那么创业者每年的收入为33万美元,这只是出售前年净利润的1/3!无论你多么富有,收入下降了80%以上都会对你的生活产生巨大影响。而如果你在出售前没有充分考虑到这一点,就很容易产生挫败感。

当然,可以肯定的是,99%的美国普通人不会为加里的收入降低流一滴眼泪。不过在你以远超自己设想的价格卖掉了自己的公司之后,你就会体会到高价带来的冲击,这种冲击让加里猝不及防。随着"9·11"恐怖袭击以及股市史无前例的下跌,加里的投资组合缩水了1/3。虽然许多人只看到市场的恐慌和混乱,但加里看到了一个以低价收购优质物业的机会。刚刚 40 岁出头的他厌倦了每天打高尔夫，也担心自己的积蓄不能维持太久，于是他再次与哥哥合作，利用他们在酒店业的口碑吸引机构投资者。在接下来的 10 年里，他们打造了一个价值 20 亿美元、拥有 40 多家高档豪华酒店和度假村的商业地产帝国。加里重回巅峰，担任董事长兼首席执行官。

然后，布莱恩不幸去世了。加里有了一个纪念儿子的心愿，这来自布莱恩曾经对他说的一句话："总有一天，人们会认识到我得的是一种疾病，而我曾经努力地挣扎过。"加里想以布莱恩的名义捐出其朋友捐赠的 6.5 万美元，加上他自己的钱来创建一个小型慈善机构，致力于消除药物成瘾的污名，他称之为"布莱恩的心愿"。但首先他需要一个策略。

他把房地产公司的管理权交给了高管团队，这样他就可以全身心地投入到自己的新事业中去。他沉浸于有关药物成瘾的文学作品，并被一些故事打动了。"我以前不知道这件事这么严重。"他说。2200 万美国人对药物和酒精上瘾，这占全部 12 岁以上人口的 1/10。成瘾性是仅次于心脏病和癌症的第三大死因，每年有 13.5 万名美国人因此死亡，相当于每天有 375 人死亡，或者说，每天有 375 个家庭被永远摧毁。

更令人震惊的是，绝大多数预防和治疗方案都还停留在纸面上，人们只是在医学期刊上谈论它们，而我们的社区卫生系统却无动于衷。这并不是说目前没有解决方案，已经有许多经过测试有效的方案，但只是因为没有资金所以无法落地实施。

作为一名资深创业者,他在 10 年内从无到有创建了一家价值数十亿美元的企业,他知道这是一个巨大的市场缺口。许多已知的可以预防、管理和治愈各种成瘾性的治疗方案并没有被使用。这个领域缺乏"舵手"去引导这些重要的研究落地实施,而且也没有一个全国性组织(像是全美心脏协会或美国癌症协会)致力于与治疗成瘾性相关的教育、研究资助、公共政策咨询或支持工作。因此,成瘾性的不公正污名无法被推翻。

加里知道他必须做些什么。他投入了自己的 500 万美元,加上捐款,发起成立了"布莱恩的心愿"。这个组织后来被命名为 Shatterproof,是第一个致力于防止我们所爱的人成瘾,并致力于消除成瘾疾病污名的全国性组织。

这个非营利组织不断发展壮大,加里为它树立了未来 20 年的发展目标:将酗酒和其他药物成瘾的人数及其导致的死亡和社会损失减半。根据美国国家卫生署的估计,成瘾每年会造成 4170 亿美元的损失。为了实现如此巨大的目标,加里意识到 Shatterproof 必须成长为一个大型全国性组织。为此加里像做生意一样经营这个组织,将其目标设定为拯救成千上万的生命。他正在为此而努力奋斗。

那么,有什么事情让你夜不能寐呢?

注释

1. Gary Mendell, interview (November 14, 2016).

THINK
BIGGER

第 39 课

支持公益事业

我们在第 11 课谈到了罗恩·布鲁德和他在商业以及公益事业上的成功故事。2001 年"9·11"事件当天，罗恩的女儿正在世贸中心附近工作。直到那噩梦般的一天结束，罗恩才得到女儿的消息说她安全了。这次经历后，他决定利用自己的 1000 万美元和经营技巧去创建一个组织——就业教育（Education for Empolyment，EFE），其旨在"促进中东和北非地区的希望、稳定和繁荣"，以阻止下一个可能的"9·11"事件或者其他更糟的事件发生。

但是该怎么开始呢？在接下来的四年里，罗恩花了大部分时间在全国各地旅行去寻找答案。在一些顶尖思想家和区域领导人的帮助下，他认为青年失业是最大的问题（中东和北非是世界上失业率最高的地区）。因此，罗恩，一个来自布鲁克林的犹太地产商，成功的零售商场、旧建筑改造专家，开始着手改善中东和北非地区的经济。其中，工作培训将是关键。

"最开始，当我去华盛顿的时候，我遭到了人们的嘲笑。"他回忆道。[1] 但这已经不是第一次罗恩的创新想法被拒之门外了。他开始耐心地施展策略，与从摩洛哥到也门的商界和社会领袖建立关系，他的方法包括说服、合伙，偶尔还要花些钱。接着，在2006年，他正式从所有的商业活动中脱身，将他的财务和运营资源投入到他关注的"新业务"中。

自2006年2月以来，EFE培训了4万多名身处困境的阿拉伯青年，向他们传授工作技能以及帮助他们寻找就业机会。其中1500名被安置在该组织的2100多个合作伙伴处，包括《财富》500强企业和当地中小企业。2011年"阿拉伯之春"运动期间，数百万名年轻人走上各国的首都街头。这证实了罗恩的观点，失业是该地区一个最重要的问题。《时代》杂志将他评为世界上最有影响力的100人之一。2012年，瑞士达沃斯世界经济论坛将他评为年度社会创业者。

"我去参加了一所大学的毕业典礼，被一个年轻女孩的眼睛所吸引。"罗恩说，"我从她的眼睛里看到她被赋予了力量，她的生活被改变了，她的家庭被改变了。于是我对自己说，没错，这就是为什么我喜欢自己正在从事的事业，这是我一生中做过的最激动人心的事。"

自此之后，罗恩经常参加毕业典礼。EFE 是一个为了长期影响社会而创办的公益组织，迄今为止在埃及、约旦、摩洛哥、巴勒斯坦、突尼斯、也门、沙特阿拉伯和阿尔及利亚 8 个国家和地区建立了分支机构，并得到了美国、西班牙和阿拉伯联合酋长国的组织的支持。

罗恩和加里·门德尔（第 38 课）追随美国伟大的企业慈善家（从安德鲁·卡内基到比尔·盖茨）的脚步，将自己的商业技能和热情转移到创建大型非营利组织上。他们以改善世界为使命，并发挥着巨大的作用。

注释

1. Ron Bruder, interview (November 8, 2016).

THINK
BIGGER

第40课

追求双重效益

当代关注社会公益的创业公司越来越多,它们纷纷把社会公益作为公司的使命(这些公司的老板可能来自不同的政治社会阶层)。这类公司可以为投资者提供双重效益:财务效益和社会效益。最近这种社会公益事业勃兴的背后有两个原因:首先,有各种基金会在积极招揽私人投资者的资金进入;其次,千禧一代正将其社会公益价值观带入市场。而我可以补充第三个原因,那就是只有采取市场经济的方法才能解决全球日益严峻的贫困、教育、疾病、粮食安全等挑战所需的大量资本来源的问题。

目前已有慈善组织的资金加起来也不足以解决这些问题。美国每年的慈善捐赠总额约为3200亿美元。这虽然看起来是一大笔钱,但扣除用于教育和宗教的资金，剩下的非常少。与此同时，美国、加拿大和欧洲的机构投资者管理着 75 万亿美元的资产——包括养老基金、保险公司、银行、主权财富基金、投资基金、对冲基金和私人股本基金。

为了应对我们面临的全球气候变化，打击恐怖主义和限制大规模杀伤性武器等最具挑战性和潜在破坏性的问题，我们需要尽可能多地利用这些资本。我自己也一直在尽力为此投资，并自觉这是我的职责。在所有问题中，气候变化是我最关注的问题。像大多数美国人一样，我相信气候变化是真实发生的，并且是由人类活动造成的。企业界领袖和五角大楼认为，这对我们经济的未来和国家安全构成了日益严重的威胁。

投入化石燃料和农业的资金加速了气候变化。为了与之抗争，我们将需要一个同样的大规模私人投资机制：投资于风电场、太阳能电池板、电池、电动汽车、地热供暖和制冷等领域的技术创新。我们也要鼓励其他游戏规则改变者，以期在创造新产业和就业机会的同时减少二氧化碳排放。

虽然资本可以解决社会问题并产生财务回报，但成为一名社会企业家并不容易。

早在 1989 年，我就投资了太阳能户外照明公司（现为 Sol 公司），这是一家位于佛罗里达生产第一代太阳能路灯的公司。当时公司亟须资金投入，而我对无线清洁能源照明的想法非常着迷，所以我不断投入资金让 Sol 运营下去。到 2007 年，我已经拥有公司

90% 的股份。虽然它没有产生任何经济回报，但我看重公司的使命和它对环境产生的正面影响。因此，我认为 Sol 的亏损相当于我的慈善捐赠。当然我确实期待有一天它会扭亏为盈，让这一旨在解决全球重大挑战的事业也变得有利可图。

三年后，海地太子港发生地震，200 人不幸遇难。在一片废墟的余震里，Sol 的产品拯救了人们的生命，这让我从内心深处理解了"照明"的意义。地震发生后，我们的救援队乘坐最早的一架班机抵达海地，我们在机场、急救诊所和食品站安装了价值 50 万美元的户外太阳能灯。我们也在搜救现场设置了灯光，使人们能够 24 小时不间断地从废墟中搜救幸存者。整个过程不是开一张支票那样简单，当时海地一片混乱，我们在当地的人员甚至需要武装保护。很少有人意识到，当灾难来临时，如果没有照明，一旦太阳下山，紧急医疗和救援人员就无法工作。

很难用语言表达我们的这种满足感。在那之后，我继续寻找这样的机会。在 2011 年日本发生海啸之后，我们的设备照亮了一个码头，因此当地的捕鱼人可以在凌晨 4 点就开始打鱼并安全回来。

然而有一个问题：虽然我们做了很多好事，但我们没有赚到钱，即使我的目标是两者兼得。几乎所有我信任的人都建议我退出公司。家人、朋友，还有我在 Tiger 21 信任的聪明的投资者们，甚至连我的心理医生都叫我卖掉公司。

但我做不到，我觉得自己走在了正确的道路上，至少对我来说是这样。

我的坚持并非毫无道理，太阳能和风能发展势头强劲。太阳能电池板和电池储能的创新极大地提高了效率，降低了成本和价格。最近，我又投资了一个太阳能项目——一家加拿大的上市公司，为发展中国家的民用和军用机场制造太阳能着陆灯。该公司还设计和建造了太阳能海上导航设备（美国海岸警卫队维护的水道浮标上的红色和绿色的闪光灯），并在其非主营业务的户外照明领域与 Sol 展开了竞争。2010 年 1 月 4 日，在投入了大量的资金和五年的心血后，我们合并了两家公司，而合并后的实体终于开始盈利。

我与一位才华横溢的首席执行官一起合作，他组建了一支优秀的团队。我们的公司卡马纳科技（Carmanah Technologies，我目前担任董事长）在社会影响和利润两方面都获得了不错的成绩。更神奇的是，就在卡马纳科技越来越步入正轨的同时，我也挽回了数十年的损失（至少在账面上是这样）。卡马纳科技的市值从 2013 年 10 月 600 万美元的低点，涨到 2015 年底的超过 1 亿美元。股价从每股 0.9 美元的低点增长到每股 4 美元左右。有一段时间，实际上达到了每股 7 美元以上！

商场总有起伏，但我个人对太阳能的信仰从未动摇。乐观主义精神让我坚持到了最后。当卡马纳科技不断刷新盈利纪录时，人们都在祝贺我的成功，就好像这是一夜之间发生的奇迹。得到祝贺是顺理成章的，但这实际上是一个持续 27 年努力的结果。

作为一个替代能源投资者，我看到了惊人的市场机遇。太阳能发电价格已经在美国 11 个州具有商业竞争力，据预测，到 2017 年底，优势将拓展到 28 个州。与此同时，欧洲和亚洲的太阳能产业也发展迅速，以至于国际能源署（IEA）预测到 2050 年太阳能将成为最大的单一能源，我们将实现能源的可持续发展。那时太阳能发电将占全球电力的 27%，太阳能电池板将变得更便宜，效率也会更高。

在我一直关注的太阳能照明领域，我们已经到了一个神奇的转折点。在过去的十年里，太阳能发电的成本下降了 90%，从每瓦特 5 美元下降到 0.5 美元。在今天的 LED 灯具中，光源的效率已经从每瓦 20 流明增长到每瓦 150 流明。也就是说以前用 5 美元买 1 瓦特的功率能产生 20 流明的光输出，现在用 5 美元能买 10 瓦特的功率产生 1500 流明的光输出，成本效益提高了 75 倍。

效率的提升影响了整个系统，这就是为什么我们今天生产一个由太阳能供电的商业停车场所需的灯只要 800 美元，而且在各个方面都比几年前卖 5000 美元的灯要好。对于北美越来越多的新停车场来说，太阳能照明既便宜又好用，其性能与电网连接的同类灯一样好或更好，并且它们节省了连接电网所需的挖沟工程和铜线成本（这通常还需要重新铺设）。更棒的是，太阳能永远是免费的，也不会产生二氧化碳污染。

从政治家的角度来看，投资太阳能的路灯和停车场灯是唯一一种从第一天起就可以省钱的替代能源投资。不需要税收优惠、绿色银行或补贴，只需要一份采购订单。

我还投资了太阳能领域的其他早期公司，但它们处境更为艰难。太阳能屋顶瓦片的发展是令人欣喜的一个案例。虽然我们在这个领域取得了很大的进步,但在撰写本文时,特斯拉似乎已经把我们超越了。对我来说这也是一件好事,因为无论谁领先,都会推动这个行业进步。

我还投资了一家刚成立的致力于利用潮汐能的公司。也是最近,我才了解到潮汐能产生比绕地球旋转的风大得多的能量。如果这项技术能够如期发展,那么海上潮汐能发电厂将比海上风力发电厂更经济,每投资一美元能产生更多的电能,并在化石燃料的"棺材板"上再钉上一颗钉。

我虽然时常对这些新颖的另类投资感到兴奋,但也有过失望。最近我取消了对一家新型电池公司的投资,这家公司原本致力于在电力存储领域有所突破,而电力存储是智能替代能源的"圣杯"。但目前的机遇并不乐观,这项投资失败了。

替代能源催生了各种新技术和新业务,刺激了大量投资进入,由此创造了大量新的就业机会,证明了替代能源解决方案不会降低就业率。是的,煤矿工人将失业,但他们可以接受培训,在清洁能源行业或其他相关领域找到更好、更安全的工作。

最近一项在美国各州进行的调查显示,2015 年,有 208 859 名美国人在太阳能行业就业,其增长速度几乎是其他经济部门的 12 倍。再加上其他可再生能源——风能、水能、生物质能、地热能创造的就业机会,以及旨在于建筑物、电器、车辆和大众运输领域提高能源效率而创造的就业机会,根据劳工统计局的最新数据,这相当于 380 万个新工作岗位，未来还将更多。

  建立一家有社会责任感的企业从来都不是一件容易的事：美国 27 个州颁布了针对企业的新法律，强调企业不仅要对股东负责，还要对其他受其影响的群体负责，如企业雇员和所在的社区。

  如果你渴望事业成功，同时也希望对社会有贡献，那么现在是时候加入追求双重效益的自豪的投资者队伍了。我们的后代将会很高兴你能这么做。

总　结

当我决定放弃稳定的职业生涯，投身于一个很多资深人士都认为有风险的项目时（其实，他们对我使用了更尖刻的字眼），我并不认为自己是一个创业者。但从骨子里我知道自己就是要去泽西市，去那里找到我的第一桶金，谁也不能阻止我。人们越是对我说这件事做不到，说这完全不现实，或者说我生活在某种幻想中，我就越有决心证明怀疑论者是错的。

对我来说，这种冒险的嗜好和自己做老板的愿望就像呼吸一样自然。

现在我更清楚了，如果说过去四十年的职业生涯教会了我什么的话，那就是创业者是一个完全不同的物种。让大多数人甚至是那些在商业世界里成就斐然的人都感到不知该如何是好的事情，却让我们兴奋不已。

大多数商界人士都号称要学习史蒂夫·乔布斯那样的创新。我对此表示怀疑，许多标榜破旧立新的人，最终会因为害怕老板或董事会的愤怒而惶恐不安，不愿从条条框框里走出来。反之，我认识的几乎所有的创业者都能打破成规，似乎这是他们的天性。

事实很可能真的如此。神经科学家和心理学家的前沿研究表明，创业者和传统商人之间存在差异并非异想天开。凯斯西储大学教授、《天生的企业家和领导者：你的基因如何影响你的工作生涯》(*Born Entrepreneurs, Born Leaders: How Your Genes Affect Your Work Life*) 一书的作者斯科特·沙恩 (Scott Shane) 发现，成为创业者的特质有37% ～ 48%来自遗传。[1]他和他的同事还发现，我们的基因中编码着一些特质，比如是否思想开放，而这些特质往往能决定一个人是否适合成为创业者。

詹姆斯·科克 (James Koch)，《天生如此：创业者人格》(*Born, Not Made: The Entrepreneurial Personality*) 一书的作者，也赞同这些发现。科克的研究发现，任何一个与创业者有过近距离接触的人都会发现他们的这些特点：智商高、精力充沛、果断、不怕麻烦。然而再多的商学院课程也无法教会一个人具备这些品质。

正如我们在第20课里学到的，创业者们习惯使用大脑的不同部分，他们大脑的褶皱比大多数其他商业领袖要多。许多对创业之路有益的特质对其他职业道路有害。虽然我认识的一些成功创业者在企业界、法律界、工程界甚至学术界都颇具影响，但有相当一部分创业者不适合从事传统职业。我很早就意识到了自己的这一特点：为某个人或者为任何人工作的想法可能会让我想起父亲的严厉和死板，这让我非常焦虑。

这种想法在我认识的企业家中非常普遍，也许他们创业并不是因为与父母的关系不好，而是因为他们的注意力缺陷、阅读障碍或其他学习障碍。但正是克服这些挑战的行动，才使他们坚定了自我创业的信念。

虽然本书的许多读者可能正在认真思索自己是否应该去创业，但一些人最终会意识到他们别无选择。不管出于什么原因——家庭背景、学习方式或是高度独立的性格，融入正式的组织结构都是行不通的。

幸运的是，作为一个创业者，今天有比以往任何时候都更多的道路可供选择。当然，硅谷是一块强力的磁铁，吸引着对高科技创业充满激情的雄心勃勃的年轻人。但我发现，对于那些刚刚起步的人来说，最诱人的选择往往是社会公益创业。

早在1970年，经济学家米尔顿·弗里德曼就曾有一句名言："企业的社会责任就是创造利润。"在我职业生涯的最初几年，我也对此深信不疑。但这一名言对现在的年轻人可能就不适用了。[2]

根据最近对18个国家5000名千禧一代的调查，有相当比例的人认为商业的首要任务应该是"改善社会"。被这个目标驱动的年轻人，渴望将自己的价值观融入市场经济，他们应该选择社会企业家的身份开始职业生涯，并以此影响投资者，他们的使命是从双重效益中获利：既造福社会，又获得经济回报。

我认为社会企业家精神是创业者DNA中最新、最有价值的属性：凭着一个造福社会的想法，创造出高效的企业或组织。历史上，创业者创造了大多数私营部门的就业机会。自建国以来，美国的经济就以此为基础，这为美国人民生活水平的快速提升做出了巨大贡献。

我相信这将继续成为美国经济的引擎。但是最近，即使像我这样天生的乐观主义者，也被暗淡的经济前景所震撼。

美国经济分析局（BEA）统计，在过去的15年里，底层1/5人口的实际收入增长率已基本降至零（0.1%）。这一半归因于全球经济总体增长放缓，一半归因于收入不平等加剧。根据东亚银行的数据，到2015年底，美国GDP的增长率已经连续10年低于3%。上一个如此糟糕的时期出现在1930～1933年，也就是大萧条的中期。当我在2017年初写下这个结论时，过去一年的GDP增长率为1.4%，而特朗普政府第一季度的经济情况似乎更糟。

这是怎么回事？有各种不同的解释，但最近流行的观点是"长期停滞"——经济学家阿尔文·汉森在大萧条期间创造的术语。[3]

哈佛大学经济学家、美国财政部前部长劳伦斯·萨默斯认为，这种停滞是"需求侧"问题，即全球储蓄过剩结合低通胀，导致美国和欧洲等高收入地区的总需求疲软。

但是经济学家罗伯特·戈登在他的著作《美国经济增长的兴衰：美国内战以来的生活水准》（*The Rise and Fall of American Growth: The U.S. Standard of Living Since the Civil War*）中提出了与萨默斯相反的意见，他认为经济停滞实际上是一个"供给侧"问题：技术变革步伐缓慢导致的结果。他认为，在1870～1970年的一百年间，很多"绝无仅有"的发明改变了人们的生活，这些发明包括自来水、卫生间、电力、电话、铁路、汽车、航空旅行、电视、电脑和抗生素等。但是他怀疑像在这一百年里一样产生巨大影响的科技突破在未来将不会重现了。

我身体里的每一个细胞都坚决不同意！我相信美国企业家的雄心壮志和沛精力最终会证明戈登是错的。然而，我们也要对一件事保持警醒：在这个历史上最呼唤创新和技术变革的时代，在这个最期待创造更多就业机会并重新启动我们的经济引擎的时代,创业者似乎成了美国的濒危物种。

伊恩·哈撒韦(Ian Hathaway)和罗伯特·E.利坦(Robert E. Litan)发现:"倒闭企业数量首次超过创建的新企业数量,这是30年来的第一次。"[4] 两人在2014年撰写了题为《美国商业活力下降》(Declining Business Dynamism in the United States)的布鲁金斯学会报告,并为此分析了美国国家统计局的最新数据。他们还发现,1978~2011年,创业率(新公司数量占所有公司的比例)下降了近一半。

盖洛普公司董事长兼首席执行官吉姆·克利夫顿(Jim Clifton)在一篇题为《美国企业家精神:存在还是已死?》(American Entrepreneurship: Dead or Alive?)的文章中指出,与两党政客通常鼓吹的不同,美国在发达国家中的创新地位并不值得夸耀:匈牙利、丹麦、芬兰、新西兰、瑞典、以色列、意大利的创业活动相对比率都高于美国。[5] 自20世纪初互联网泡沫破灭以来,即使是在充满传奇色彩的科技行业,美国的创业率也在急剧下降。[6] 克利夫顿认为,这种创新业务的突发断层"是我们最重要的经济问题"。

所有商学院的创业项目都显示,创业活动在明显减少。自2007~2008年金融危机以来,30岁以下家庭的净资产下降了48%,30岁以下创业者的数量处于24年来的最低点。这并不奇怪,银行在危机一开始就停止了放贷,现在仍按兵不动。连风险资本也变得更加谨慎:到2015年底,它们只愿意把资金投向Snapchat和Lyft等"最成熟的私营公司",使初创企业的资金处于4年来的最低点,并一直持续到2016年第一季度。[7]

再加上如今年轻人背负的大学和研究生院的沉重学费贷款,难怪这么多千禧一代害怕去创业。巴布森学院的一位商科教授最近进行的一项年度研究显示，41%24～35岁的美国人即使看到了创业的机会，也坦言"对失败的恐惧"会阻碍他们创业，而2001年这一比例仅为24%。[8]这不只是一个令人担忧的数字，这是对美国经济未来的威胁。

托马斯·弗里德曼在他最近的一本书《谢谢你迟到》中谈到了我们正在目睹的技术革命所创造的非凡机遇。[9]越来越便宜和强大的计算能力、越来越便宜和大容量的存储空间、几乎免费的通信以及连接每个人的网络，使来自世界各地的每一个人都有能力创办企业并在全球拓展。对于相对幸运的少数人来说，这些趋势为我们创造了人类历史上前所未有的机会。但与此同时，科技进步正在用自动化取代人力，科技巨头也正在从其他初创企业那里抢走投资资本。本来这些其他领域的初创企业的每一美元资本可能创造更多的就业机会。

再加上创业精神的萎靡，风险资本被大量分配给了那些不创造大量就业机会（相对而言）但更令人兴奋的科技初创企业，而这些科技企业将不断用机器和技术取代人力工作岗位。你将会看到一场冲击工人阶级的完美风暴。年轻科技企业家一夜之间创造数十亿美元的财富，而整体经济却增长乏力。所以可以理解，工人阶级和中产阶级会觉得他们受到了不公平的对待。

这些负面趋势的影响不只局限于经济层面。艾森豪威尔在其总统任期结束时的一次著名演讲中谈到了国家安全的三个支柱。他把国家安全描述为一张三条腿的凳子，军事力量当然是它的一条腿，经济力量和民间社会力量则是另外两条腿。没有强大的经济，一个国家就不可能强大、安全，苏联的解体证实了这一点。没有活跃的创业活动，我们就不可能拥有一个强大的经济和一个健康的中产阶级（从而形成一个稳定的民间社会）。

在这一点上以色列就是个例子，它需要强大的经济实力来支撑其不成比例的国防开支。如果以色列不是一个经济上欣欣向荣的国家，其国防能力将受到严重威胁。或许我应该另写一本书来讨论我们的民间社会状况，但当经济相对衰退（或只是增长不够快），或经济成果没有被社会公平分享时，那些民间组织就可能成为不和谐因素的煽动者。如果政治风向对创业者不利，我们就会缺乏应对未来挑战的动力和激情，创造的就业机会就会大大减少。

如果今天艾森豪威尔还活着，我想他会对政治精英在应对负面趋势上的失败而深感震惊。许多创业者，无论其政治倾向，都感觉今天创业成功比历史上任何时期

都要困难，这得归咎于华盛顿不断出台的规章制度。

最近的研究报告证明了这一点，有许多不利于创业者的政策。例如，伊恩·哈撒韦和罗伯特·E.利坦在一份关于商业活力下降的报告中指出，越来越多的成功企业正在游说立法机构制定烦琐的就业法规，限制工程师和其他技术工人从一个工作岗位转到另一个工作岗位，以此来限制潜在竞争对手的诞生。[10]

诚然，我自己的企业也在采用竞业协议，这是为了确保现有员工的利益不会受到其他离职员工的影响（我首先考虑的不是我和我的投资的利益）。但我不禁在想，竞业协议在加利福尼亚州基本上无法执行，而这是否是硅谷蓬勃发展的部分原因？

另一边，各种专业协会已经说服各州立法者对工作或创业制定严格的认证。例如，禁止护士和牙

科保健人员在传统的医生或牙医诊所外从事某些服务。在1950年，只有70个职业有执照要求。而到了2008年，超过800个职业有执照要求。经济学家詹姆斯·贝森（James Bessen）在2015年的一篇文章中指出，"这就是特殊利益阶层破坏创业精神的实证"。[11]

我们的领导人要么忽视，要么正在损害美国的创业精神这一历史上最大的就业引擎。在这一点上，他们无法为自己辩护。还需要有多少企业破产，还需要有多少初创企业决定迁移到国外，还需要有多少年轻人放弃伟大创意，才能唤醒他们？

我们需要制定具体政策来最大限度地提高创业者的生存环境，这可以写另一本书。不过，即使在我们现在所处的已经高度两极化的政治氛围中，在阳光下的每个行业都还有很多新企业在寻求突破性创新，开发新的令人兴奋的服务，创造高薪工作，而这一切，符合我们最大的国家利益。

决策者需要充分欣赏创业者的独特天赋和技能，以及接受创业者和企业家的差异，只有这样，他们才能更好地了解创业者面临的挑战，并更好地创造各种有利的环境，从而推动我们的经济不断发展。

最后，我要说，正是我们当中的那些梦想者，才使得我们所有人的"美国梦"永远保持活力。

注释

1. Adam Heitzman. "How Entrepreneurship Might Be Genetic," *Inc.* (January 27, 2015). Accessed at: http://www.inc.com/adam-heitzman/how-entrepreneurship-might-be-genetic.html.
2. Milton Friedman, "A Friedman Doctrine—The Social Responsibility of Busi-

ness Is to Increase Its Profits," *New York Times Magazine* (September 13, 1970).
3. Alvin Hansen, Address to the American Economic Association (1938).
4. Ian Hathaway and Robert E. Litan, "Declining Business Dynamism in the United States," Brookings Institution (May 2014). Also, "Young Entrepreneurs: An Endangered Species?" *Wall Street Journal* (January 2, 2015).
5. Jim Clifton, "American Entrepreneurship: Dead or Alive?" *Business Journal* (January 13, 2015).
6. John Haltiwanger, Ian Hathaway, and Javier Miranda, "Declining Business Dynamism in the US High-Tech Sector," E. W. Kaufmann Foundation, February 2014; Ben Casselman, "The Slow Death of American Entrepreneurship," *FiveThirtyEight* (May 15, 2014).
7. Olivia Zaleski, "Start-up Funding Deals Lowest in Four Years," *Bloomberg.com* (April 7, 2016).
8. Donna Kelly, "Endangered Species—Young Entrepreneurs," *Wall Street Journal* (January 2, 2015).
9. Thomas Friedman, *Thank You for Being Late: An Optimist's Guide to Thriving in the Age of Accelerations* (New York: Farrar, Straus and Giroux, 2016).
10. James Surowiecki, "Why Startups Are Struggling," *MIT Technology Review* (June 15, 2016).
11. James Bessen, "The Anti-Innovators: How Special Interests Undermine Entrepreneurship," *Foreign Affairs* (January/February 2015).

关于作者

迈克尔·W. 索南费尔特（Michael W. Sonnenfeldt）是一位连续创业者和慈善家。他以全美优等生联谊会成员的身份从麻省理工学院斯隆商学院毕业，获得本科和研究生学位。25岁时，迈克尔领导了新泽西州泽西市滨海港金融中心的改造，这是当时美国最大的商业改造项目。他是埃姆斯公司（Emmes & Company）的创始人，这是一家精品房地产投资公司，资产规模超过10亿美元。30年来，迈克尔始终热衷于太阳能行业的变革。最近他成为加拿大一家上市太阳能公司卡马纳科技的董事长，该公司专注于基础设施项目的太阳能定位和照明，包括海上风电场、航海辅助设备和机场地面的照明，以及道路、小径和停车场的照明。

迈克尔是Tiger 21的创始人和主席，Tiger 21是一个汇集了众多第一代财富创造者的重要社交网络，其成员管理着超过500亿美元的个人资产。Tiger 21在北美35个主要城市运营，并在2017年拓展到伦敦。迈克尔作为一名连续创业者、社会资本家，取得了巨大的成功，使他跻身于Tiger 21的500多名同行之列。

迈克尔欣然允诺把本书的全部净收益捐赠给 Tiger 21 基金会，该基金会旨在支持年轻的创业者。他们必将建立众多成功的企业和社会组织，支撑起未来社会的中产阶级和充满活力的经济。

推荐阅读

序号	书号	书名	序号	书号	书名
1	30250	江恩华尔街45年（珍藏版）	42	41880	超级强势股：如何投资小盘价值成长股
2	30248	如何从商品期货贸易中获利（珍藏版）	43	39516	股市获利倍增术（珍藏版）
3	30247	漫步华尔街（原书第9版）（珍藏版）	44	40302	投资交易心理分析
4	30244	股市晴雨表（珍藏版）	45	40430	短线交易秘诀（原书第2版）
5	30251	以交易为生（珍藏版）	46	41001	有效资产管理
6	30246	专业投机原理（珍藏版）	47	38073	股票大作手利弗莫尔回忆录
7	30242	与天为敌：风险探索传奇（珍藏版）	48	38542	股票大作手利弗莫尔谈如何操盘
8	30243	投机与骗局（珍藏版）	49	41474	逆向投资策略
9	30245	客户的游艇在哪里（珍藏版）	50	42022	外汇交易的10堂必修课
10	30249	彼得·林奇的成功投资（珍藏版）	51	41935	对冲基金奇才：常胜交易员的秘籍
11	30252	战胜华尔街（珍藏版）	52	42615	股票投资的24堂必修课
12	30604	投资新革命（珍藏版）	53	42750	投资在第二个失去的十年
13	30632	投资者的未来（珍藏版）	54	44059	期权入门与精通（原书第2版）
14	30633	超级金钱（珍藏版）	55	43956	以交易为生II：卖出的艺术
15	30630	华尔街50年（珍藏版）	56	43501	投资心理学（原书第5版）
16	30631	短线交易秘诀（珍藏版）	57	44062	马丁·惠特曼的价值投资方法：回归基本面
17	30629	股市心理博弈（原书第2版）（珍藏版）	58	44156	巴菲特的投资组合（珍藏版）
18	30835	赢得输家的游戏（原书第5版）	59	44711	黄金屋：宏观对冲基金顶尖交易者的掘金之道
19	30978	恐慌与机会	60	45046	蜡烛图精解（原书第3版）
20	30606	股市趋势技术分析（原书第9版）（珍藏版）	61	45030	投资策略实战分析
21	31016	艾略特波浪理论：市场行为的关键（珍藏版）	62	44995	走进我的交易室
22	31377	解读华尔街（原书第5版）	63	46567	证券混沌操作法
23	30635	蜡烛图方法：从入门到精通（珍藏版）	64	47508	驾驭交易（原书第2版）
24	29194	期权投资策略（原书第4版）	65	47906	赢得输家的游戏
25	30628	通向财务自由之路（珍藏版）	66	48513	简易期权
26	32473	向最伟大的股票作手学习	67	48693	跨市场交易策略
27	32872	向格雷厄姆学思考，向巴菲特学投资	68	48840	股市长线法宝
28	33175	艾略特名著集（珍藏版）	69	49259	实证技术分析
29	35212	技术分析（原书第4版）	70	49716	金融怪杰：华尔街的顶级交易员
30	28405	彼得·林奇教你理财	71	49893	现代证券分析
31	29374	笑傲股市（原书第4版）	72	52433	缺口技术分析：让缺口变为股票的盈利
32	30024	安东尼·波顿的成功投资	73	52601	技术分析（原书第5版）
33	35411	日本蜡烛图技术新解	74	54332	择时与选股
34	35651	麦克米伦谈期权（珍藏版）	75	54670	交易择时技术分析：RSI、波浪理论、斐波纳契预测及复合指标的综合运用（原书第2版）
35	35883	股市长线法宝（原书第4版）（珍藏版）	76	55569	机械式交易系统：原理、构建与实战
36	37812	漫步华尔街（原书第10版）	77	55876	技术分析与股市盈利预测：技术分析科学之父沙巴克经典教程
37	38436	约翰·聂夫的成功投资（珍藏版）	78	57133	憨夺型投资者
38	38520	经典技术分析（上册）	79	57116	高胜算操盘：成功交易员完全教程
39	38519	经典技术分析（下册）	80	57535	哈利·布朗的永久投资组合：无惧市场波动的不败投资法
40	38433	在股市大崩溃前抛出的人：巴鲁克自传（珍藏版）	81	57801	华尔街之舞：图解金融市场的周期与趋势
41	38839	投资思想史			

投资大师·极致经典

书号	书名	定价	作者
978-7-111-59210-5	巴菲特致股东的信：投资者和公司高管教程（原书第4版）	99.00	沃伦 E 巴菲特 劳伦斯 A 坎宁安
978-7-111-58427-8	漫步华尔街（原书第11版）	69.00	伯顿 G. 马尔基尔
978-7-111-58971-6	市场真相：看不见的手与脱缰的马	69.00	杰克 D. 施瓦格
978-7-111-62573-5	驾驭周期：自上而下的投资逻辑	80.00	乔治·达格尼诺
978-7-111-60164-7	格雷厄姆经典投资策略	59.00	珍妮特·洛